JN438538

만경강(萬頃江)

만경강(萬頃江)

김환생 시집

| 시인의 말 |

예순 아홉 나이! 참 늦게도 시집을 낸다

첫 시집이 이렇게 늦어 낯부끄럽고 쑥스러워 몸 둘 바를 모르겠다. 시집을 내놓으며 뭐라고 말을 해야 하는데 나를 내세우는 것이 스스러워 더욱 망설여지기도 했다. 말없이, 이름 없이, 욕심도 없이 그렇게 살고 싶었는데. 그런 바람이 또 다른 욕심 아니겠느냐며 그 바람조차도 버리란다. 그래서 이제 늦게나마 용기를 내어 시집을 보여드려야겠다는 다짐을 한다.

여기에 내 놓는 글들은 상당히 오래 전에 쓴 시들이 대부분이다. 그냥 생각나는 대로 쓰고 고쳐보고, 그렇게 몇 년씩 묵혔다가 다시 읽어보고, 고치고. 시를 쓰는 일이 참 힘들다는 것을 조금씩 배워나가던 때의 어려움과 함께 그 작업이 또 다른 기쁨과 축복이었음을 알게 되었다. 시를 통해 나를 단련시켜주신 하나님께 감사를 드린다.

내가 초등학교 입학 전까지 자란 곳은 기린봉 아랫마을 '마당재'다. 초등학교 1-2학기 때 '남노송동'으로 이사와 6-1학기 때까지 거기에서 살았다. 지금은 옛 모습을 살펴볼 수 없이 새로운 건물들이 들어선 마당재와 남노송동을 잊지 못한다. 그곳을 흐르던 도랑과 언덕과 골목길 등이 내 마음 깊은 곳에 새겨져 있다. 그곳이 바로 백제 땅이고, 노령의 줄기고, 만경강을 이루는 물줄기였음을 알게 된 것은 먼 훗날의 일이었다. 그 『만경강萬頃江』을 내 첫 시집의 표제로 삼는다.

언제나 준엄하셨던 아버지와 아버지를 잘 챙겨주셨던 내 어머니를 차마 잊을 수 없다. 하나 뿐인 남동생과 다섯이나 되는 여동생들이 첫 시집을 내면서 마음에 더욱 그립다. 아흔 넷에 편안히 돌아가신 할머니는 내게 항상 넉넉하고 포근한 사랑을 베풀어주셨다.

나의 아내 채순희蔡舜姬는 항상 깊은 애정으로 나를 격려해 주었다. 내가 외로워할 때, 내가 힘들어할 때, 내가 괴로워할 때, 나에게 언제나 든든한 버팀목이 되어준 아내가 정말 고맙고 사랑스럽다.

아들과 딸에게 자애로운 아버지, 며느리에게 좋은 시아버지가 되어주었는지? 손녀와 손자에게도 이 시집을 통하여 깊은 사랑으로 연결될 수 있기를 바란다.

너무나 감동적인 발문을 써주신 '석정문학관' 소재호蘇在浩 관장님께 감사하다는 말씀을 드린다. 전주고등학교 2년 선배가 되는 그는 참 큰 사람이다. 덕인德人이다. 어려운 여러 가지 일들이 그의 온화함 앞에서는 스스로 풀려 묘답妙答을 드러낸다. 내가 마침내 시집을 서둘러 낼 수 있게 된 것도 바로 그의 독려가 있었기 때문임을 밝힌다.

첫 시집을 내는 것을 계기로 더 좋은 시를 쓸 수 있기까지 겸손히, 열심히, 정성을 다해 공부할 것을 다짐한다. 모든 일에 하나님의 말씀에 순종하며 사는 詩人이 될 수 있도록 하나님께서 가는 길을 인도해주시기를 기도한다.

부족한 시를 읽어주시는 모든 분들께 감사드린다.

— 2015년 7월 19일(日) 平和洞 陋屋에서 金桓生

차례

2부

3부

4부

5부

6부

1부

노래(1)

내 영혼이 부르는
만남과
헤어짐의 노래는
어찌해서
항상 이리 슬픈가

이 마음
또 어디로 가게 될지
그건 모르나

아직 다 부르지 못한
부끄러운 내 노래

안개(1)

이 짙은 안개는
어디서부터 오고 있을까

앞도
뒤도
옆도 볼 수 없이

스물 스물
저 안개 속에서는
지금
무슨 일이……

짙은 안개 속에서
나는
꼼짝하지 못한다

방향이
사라져 버렸다

나도 사라지고
내 안의 깊숙한
심연만 움찔거렸다

부엉이(1)

맹물로
주린 배를 채우던
겨울밤은 무척도 길었습니다
어머니

그 밤을
어머니랑 같이 새우던
뒷산
부엉이의
야릇한 고갯짓

밤이 깊어 갈수록
부리부리해지던
예리한 눈

꽉 다물린 부엉이의 부리가
어머니
잊히지를 않습니다

밤을 밝혀내려는 눈
끝내 어둠을 쪼아서
남루를 벗으려는
부엉이의 불면증

부엉이(2)

부엉부엉
부엉이가 운다

옹기그릇 깨지 듯
둔하고
촌스러운 울음

그러나, 아버지의 쉰 목소리처럼
애틋하면서도
그러나, 준엄한
부엉이의 울음

그리 우는 부엉이가
뒷산엔 살지 않는다.

어느 때부터인지
뒷산엔
그리 우는 부엉이가 살지 않는다.

눈 익던 밤은 삭아버리고
부엉이는 자신의 투박한 울음 다 거느리고
멀고 먼 아버지의 나라로
훌쩍 떠나버렸나 보다.

거울

거울을 본다.
거울 속 저 모습이 정말 나인가?
거울 속의 내가 이렇게 움직이는가?

내가 잠자는 동안
나와 같은 자세로
같은 시간만큼 잠을 자다가
내가 일어남과 동시에
같은 자세로 발딱 일어서는
거울 속의 저 모습은
그 표정이나 동작이
나를 꼭 닮았지만
사실은, 항상 나와 반대로 움직이며
나를 떠나지 않는
정말 만만찮은 녀석인데
살펴볼수록 내 모습이면서
나는 아니다.

그렇다면 거울 속의 저 모습은
누구란 말인가?

내가 무슨 생각이든 골똘할 때

거울은 하얗게 표백되어
순수의 백치가 된다는 말인가?

안개(2)

안개 속에
산을 오른다.

내 앞에서
혼미하게 움직이는
유령 같은
앞사람의 뒷모습을
행여 놓칠까봐
걸음을 재촉한다.

짙은 안개가
소리 없이
나를 죄어 오고 있다.

나의 동행자들에겐
내가 유령으로 보이리.

우리의 인식은 혼미해지고
우리들 시간은 불신의 시대.

비(1)

소리 없이
비가 내린다

늦게 핀 꽃잎이
뚝 떨어진다
한 줄기 비에
꽃잎이
떨어지고 만다

언젠간
떨어지고 말 꽃잎이지만

구름너머 아득히
별나라에서
별 하나
막 사라질 게다
불꽃처럼…

내 영혼이 시리어질 때
뭉클, 꽃잎이 가슴에 진다

비(2)

느닷없이
비가 온다

깜깜한 한낮

어젯밤
꿈속에서
사납게 덤벼들던
까마귀들

우산을 준비해야 했는데…

빗줄기가
더욱 세차다

나는
정신없이 뛰었다
내 그림자를 떼어놓고
나의 일상은 허겁지겁
막다른 고독

숲

겨울 숲에 가 보았지
바람에 떨고 있는
나무들을 보았네.

떡갈나무
오리나무, 느티나무
딱하게 드러나는
속사정

살아가는 일들이
얼마나 필사적인가.

지닌 것
마지막 잎새마저 버리고
언 살 서로 비비며
맨몸으로 견디는
그런 겨울나기가
우리들의 본연임을 알게 되었을 때
비어 있음은 차라리
홀가분함이었네.

겨울 숲에 가 보았지.

해질녘
산바람 불면
사방으로 갈대 꽃씨가
오래 된 무덤 위에 날리고
나도 작은 씨앗이 되어
숲 속을 기웃거린다.

두려움

산을 오른다.

갈대숲에
버려진 어떤 동물의
하얀 뼈

산바람에
계곡 물에
새벽마다 씻기어
저리 하얀가!

먼 훗날
내 뼈는
어떤 빛
어느 형상形象으로 발견될까?

나는
그것이 두렵다.
내 불순한 언어들이
마침내 무의미의 촉루로 드러남을…

꿈(1)

심산深山 솔잎이라
정이 없으리

해질 녘 산마루
저녁놀이 기울면
무덤 위로 흐르는
기러기 울음.

마음 한번
어긋 가면
불가佛家의 연緣도
급하게
식을 것을

늙은 솔 굽은 등
관세음觀世音 넉넉한 미소로
세워질 수 있을까

어수선한 밤 꿈에
땀이 흐른다.
어둠을 벗고
그윽한 먼동이고 싶다.

만경벌판

겨울밤
바람이 차다.

산에서 부는 바람이
들에서 부는 바람과
서로 부딪치면
만경강과
만경강에 딸린 모든 샛강들의
갈대들이 아우성이다.

미륵사지彌勒寺址 흙더미에 깊이 묻힌
기와 조각에 혼을 처박고
천년을 더 지나서도
백제의 유민들이
달빛에 목을 놓던 소리로
오늘은 만경벌판에서
꺾여 진 갈대들이 서로의 허리를 붙들고
아우성이다.

아우성에 잠 깬
논두렁 게[蟹]들이
만경강 검은 뻘에서

스멀스멀 기어 나오는
그 밤
만경강 갈대꽃처럼 하얀
전라도 사람들의
무릎 잠 위로
눈이 내린다.

살풀이 춤사위로
만경벌에 내리는 눈,
부러진 갈대에서 흐르는
하얀 피
그 피가 녹아드는 강물을 따라
기러기 한 무리 아득히 멀어져 가는데

육자배기
산조로 흩어져
서걱이는 갈대들의 노래는
만경벌판 어디쯤에서
몸을 떨고 있을까.

불심佛心

불심은
초파일 늦은 밤
꽃등 살포시 흔들고
멀리 사라져주는
바람인데

때 묻지 않음이
자랑일 수 없는
어수선한 세상

악한 때 탓하지 말고
초파일 바람 같은
그런 맘으로 살자.

초파일 바람 같은 그런 맘으로
내가
꽃 초롱 깜박이는 바람같이.

연꽃

연꽃이 피어 있다.

진흙 깊은 곳에
뿌리를 뻗어 두고
물 밖으로 곧게 세운
옹골찬 꽃대 끝에
잠시 머문 불심.

연분홍 꽃잎
바라볼수록
내 속살 환히 보여주는
서슬에
온몸이 떨리는데

문득, 꽃잎에 비친
한 점 얼룩이
눈물겹게 고맙다.

아, 고게 연꽃의 향기
내 시선 어느덧 불심에 닿고

노을

세상살이 어려움이
누구에겐들 없으랴.

인정은
피투성이

영혼은
만신창이

너나없이
하루하루
주름 한 골 더 새기고

허리 펴
바라보면

서산마루
피 빛 노을에
애간장이 녹는다.

아우성

겨우내 걸어 둔
빗장을 벗긴다.
오래 닫혀 있던
꽃눈 속,
갑자기 넘치는 빛에
눈이 부시다.

한꺼번에 주어지는 부신 빛은
혼란이다.
무질서다.
아우성이다.

개나리꽃 한 송이의 하소연도
감당하기 힘든데
산수유, 진달래꽃, 복숭아꽃, 살구꽃
길가의 민들레꽃, 오랑캐꽃도
어쩌자고 우루루
색색으로
함성들인가.

산다는 일
그러니까, 세상살이라는 거

어차피
몇 단씩 지워진 짐
제 분수만큼 부리다가
때가 되면 훌훌 털고 갈 것을

조금 큰소리로 아우성을 친다고
그 짐이 얼마나 덜어지든가
돌아서는 모습들만 볼썽 사난데

꽃이 핀다.

영산홍, 자산홍, 백목련, 개철쭉
허리 굽은 할미꽃
겨울동안 어둠 속에 닫혀 지내다
갑자기 부신 빛을 보더니
한꺼번에 아우성이다.

산이 보낸 편지

1. 나무 가지

산을 오르네.

겨울이래서
바람까지 절박하게 부는가.

세찬 바람에
흔들리는 나무들의
앙상한 가지들이
서로 부딪치고

가지마다 흔적뿐인
겨울 햇살은
그나마 얼마나 반가운데.

맨몸
벌거숭이로 비벼
비로소 '살아 있음'을 확인하는
나무들의 환희,

같은 산에

뿌리내리고 숨도 쉬는
그런 인연이
어디 예삿일인가.

겨울 산을 오르며
생각해보네.

모진 바람에
휘청대는 나무들
서로 다른 이름, 다른 모습들의
나무들이지만

살아남아서
같은 물길로 오는 새봄을
결국, 같이 맞이하게 된다는 자각은
참으로 신선한
깨달음이었네.

2. 나비

도래솔 두세 그루
늙은 소나무

달빛에 비치는
오래된 무덤 하나

어디 죽는 것이 사람뿐이리

이름이 지워지고
기억이 잊혀지고
시나브로
눈물도 뜸해지면

생전의 별별일
우여곡절도
옛 이야기가 되고

급하게
봄을 맞은
나비 한 마리
꽃샘 앞에
날개 짓이 서툴다.

아, 저 날개 짓은
왔다 감을 형용하는가.

3. 소나무

산을 오른다.
가다가 쉬기도 하고
쉬었다 다시 가는 산길의
몇 안 되는 소나무가
정말 반갑다.

핏줄에 깊이 베인

소나무 냄새

끈끈한 송진 같은 정情하며
송화가루처럼 틉틉한 입맛

그러나 지금은
소나무가 베어지고
소나무 등걸마저 뽑혀지고

우리 것들이 사라지는 산길

산마다
소나무를 심자.

모든 산
발치에서 마루까지
우리의 혼이 담긴 황토를 뿌려
소나무 울창한 푸른 숲을 만들자.

소나무 숲 사이사이
산벚 하얗게 핀
연분홍 진달래 꽃길 사이로
산까치 울음도 들을 수 있고
산토끼, 다람쥐 항상 뛰놀 수 있게
산마다 소나무를 심자.

소나무를 심자.

우리의 마음 고향을 심자.

4. 민들레

꽃들이 피었다.

개나리, 진달래
곱게 피었다.

연분홍, 보라
빨강, 노란색, 더러는 뽀얀 젖빛
여러 모습 색색으로
눈부신 사월

어쩌다 민들레는
개나리, 진달래와 같은 시절에 피어
사랑받는 꽃이 되질 못하고
담 밑 한 귀퉁이에
노오란 꽃잎 쓸쓸히 피어 있느냐.

민들레를 보고 있으면
가슴이 멍멍해진다.

눈에 잘 띄지 않는
한적한 곳에서
흡사
죄인처럼

그래!
하늘을 우러러
한 점 부끄러움 없을 사람이
참으로 있으랴.

우리들은 누구나 죄인

다만 푸른 옷을 입은
죄수가 아닐 뿐.

봄볕 한창인 사월
민들레는 무슨 죄를 지어서
영산홍, 자산홍, 백목련을
황홀한 듯
올려다보아야 하느냐.
자신을 잊고
남만 우러러야 하느냐.

5. 껍질

나무마다
껍질이 있다.

껍질은 나무를 보호해준다.

어린 나무들의 껍질로서는
거친 세월 눈보라를 감당하기 벅찬 일이지마는

독하기로 한다면
밑동 채 잘린단들 무얼 못하랴.

비바람 폭풍 속에
특징 있는 껍질들을 만드는 나무들

소나무 껍질은 갑골문자 같다.
금방이라도 무슨 주문을 외면
백제 황산벌의 말발굽 소리를 들을 듯싶다.

참나무 껍질은 두터운 코르크층의 탄력이
여인의 맨살처럼
가슴 아찔하게 한다.

껍질의 틈새에는
미쳐 껍질을 빠져 나오지 못한 햇살의
늙은 모습도 보이고

어떤 껍질엔 검은 구멍이 뚫려
참새, 족제비, 구렁이들이 그 구멍으로
온갖 썩은 비리들을 물어다 놓아
썩은 내로 나무를 못 살게 한다.

긁히고, 찢기고, 부러지고, 난도질당하면서도
오로지 나무를 보호하기 위하여
껍질이 견뎌야 하는 수모

그것은
껍질로 자랄 때부터
껍질이 부여받은 아픔이었다.
껍질은 아픔의 흔적이다.

6. 도라지

그가
산신령이 된 것은
도라지 때문이다.

도라지를 캐어
산마루 너럭바위에 흙 째로 올려놓고
밤새도록 어렵게,
어렵게 모은
별빛으로 도라지를 씻으면

백도라지
한 뿌리

이른 새벽
찬 이슬에 도라지를 헹구면
도라지의 하얀 속살에서는
약냄새가 난다.

그는 끼니때마다
도라지를 먹는다.

그렇게 오래오래
도라지를 먹어서
그의 몸에서는 언제나
도라지 냄새가 난다.

가고 가도
백도라지 지천으로 피는
노령산맥

그가
노령산맥의
산신령이 되어 있는 것을 보면
도라지에는
특별히 영험한 능력이 있었는가 보다.

노령산맥을 흘러내리는 바람은
백발 신선의 바람.

별

먼저 가신
넋들이
밤하늘에 남긴
눈물,

가지가지 사연들
어찌 없으리.

새벽
풀잎 끝
이슬 속 별빛은
그렁그렁

영산홍映山紅

며칠
봄볕이 한창이더니
오늘 아침
영산홍이 피었다.
새빨갛게 피었다.

핏빛보다
더 붉은 색

제 몸에서 꽃을 피우는 법을
영산홍은 어떻게 알았을까.

영산홍이 피면
꽃잎만 붉은 것이 아니다.

꽃잎 가까이의
바람도
아지랑이도
햇빛도
온 천지가 모두 붉은 빛이다.

영산홍은 온 세상을 모두
붉게 물들이는 법을 어찌 알았을까.

2부

아승기阿僧祇

I
사방
사십리에 가득한
겨자씨를
삼 년에 한 번
한 알씩 물어내어
모두 비우는데 소용되는 세월,
아승기阿僧祇

아승기겁阿僧祇劫 세월에
삼 년 걸러 나는
그런 새를 아느냐.

II
예순 해
이쪽 저쪽
길다 짧다 말도 많은
한뉘

반나절 하루에도
기막힌 곡절들이
집요하게 생트집인 세상.

아승기阿僧祇를 사는
새 둥지는 어디쯤일까?

Ⅲ
오늘밤도 별빛이 인다.

아승기阿僧祇쯤에서 찾아온 별빛이
귓볼을 스치며 속삭인다.

요즈음 사시는 게 어떠신가?
살고 있다는 것을 느끼신가?

만경강萬頃江(1)

밤마다
만경강엔
눈물이 흐른다.

가난을
강물에 풀면
한 천년쯤
솔[松] 빛으로 흐를까?

평생을
빈손인 가을에도
숯불 다림질로
가난을 곱게 펴 오신
어머니

어머니의 굽은 등이
노령蘆嶺처럼 서러운데

기러기
시린 울음
만경강을 맴돌다
별빛으로 흐른다.

진고개

오가며
고개 없는 산길이 있더냐.

안개 속
구비 구비
가파르게 흐르는
급한 물소리

바로 옆
느닷없이 험한 골짜기

아찔하기는 하지만
그래도, 숲이 더 좋은 고갯길에서

산새 날고
다람쥐도 가끔 보이는
진고개

오늘은
한 나그네

잠간 쉬어가다

바람에 흩어지는
구름을 본다.

세상만사가
의미 없이 흩어짐을 본다.

달빛

모질게 부는
삭풍은
귓볼을 도려낼 듯

봄기운은 아직도 먼데

파랗게 날을 세운 달빛 앞에
개나리 철쭉
갓 핀 꽃잎들을
차마 볼 수가 없다.

구름아
달빛, 반이나마 가려주면
시퍼런 난도질도
한결 무디어지련만

금방 살 벨 것 같은 달빛에
늙은 솔도 두려워
보굿이 천 갈래로 솟는다.
그리고 스스로
달빛 속에 묻힌다.

새집

나뭇가지
높은 곳에 새집이 있다.

어디서
가다귀를 모아다
저렇듯 둥지를 만들었을까?

바람이 불면
금방 무너질 듯하면서도
이러구러 견뎌온 새집

나뭇잎 무성할 땐 볼 수 없더니
버릴 것 모두 버리고
비어있으니
새집이 보인다.

아니
항상, 거기 그 모습으로 있던
새집.

몇 안 되는
새집

‘새집들은 모두 자기집일까?’

밤마다
별들을 헤아리며 잘 수 있는 새집을
부러워한다.

낙산사 해수관음洛山寺 海手觀音

비에 젖는 것이
해묵은 적송赤松뿐이랴.

산벚. 물푸레
마른 가지가 젖고
발 밑, 나뭇잎도 젖고
동해를 바라보는 해수관음海手觀音의
봉긋한 가슴도 젖고

젖은 가슴으로
호로병을 기울이는
관음觀音은
사바에 무엇을 부어주고 싶을까

설악을 찾아온 날
겨울비에 젖는다.

빗물이 흐르는
몇 안 되는 머리칼을 올리며
낙산사에 오르면
반쯤 젖은 몸으로
해수관음이 빙긋 웃는다.

나도 관음처럼
빙긋 웃는다.

사노라면 가끔씩 비에 젖을 때도 있는 법이여.
비에 젖지 않는 날은
달빛에 젖고.

산울림

산도
슬픈 일이 있는지
소리 내어 운다.

산이 울면
산에 딸린 식솔들이
더불어 운다.

소나무도
참나무도
이 골 저 골 잔돌 바위도
산을 끼고 흐르는
샛강들도

다 함께 운다.

산에
슬픈 일이 있는지
오늘따라
큰 소리로 운다.

산사山舍에서

누이의 탯줄은
지금도
거기 묻혀 있을까?

장독대도
칠성七星님도
조왕신竈王神도
부엌살림에서
모두 잊히고

오직 달빛만
파랗게 부서지는 밤

뒤뜰
오래된 감나무 가지 끝
두어 개 남은 감이
서리 친 후
더 붉다.

새

새야 날아라
높이 높이
멀리 멀리 날아라.

바람을 일으키며
구름을 모으며

요동遼東
흑룡黑龍
고구려 옛터까지
훨훨 날아라.

보이는 곳 아득히
동쪽 끝 독도獨島가 우리 땅이듯
만주滿洲벌
거기도 분명 우리 땅인데

언젠가
네가 날아야 할
그 벌판의
화강암을 다듬은
광개토대왕비廣開土大王碑는

민족의 긍지란다.

날아라 새야
훨훨 날아라 새야

발해渤海의 말발굽이 쉬던
송화강松花江 발원지

삭풍
눈보라를 헤치며

네 부리에 물어온
배달의 혼,
무궁화 꽃씨를
온누리에 뿌려라.

그림자

가을밤 달빛이 밝다.

나를 따라 붙는
그림자

내가 움직이면 같은 동작으로 움직이고
내가 서면 같은 모습으로 선다.

가령, 손을 흔들면
그림자도 손을 흔들고
턱을 괴고 앉으면
그림자도 깊은 생각에 잠긴다.

그렇지만
그림자는
눈도 귀도 입술도 없다.
다만
골똘한 생각만
따로 하고 있을 뿐

산행

한평생 사는 일이
산행 같다.

봉우리
골짜기
오르막길 내리막길

소나무 자작나무 산수유 진달래
개철쭉 백도라지 엉겅퀴
아무렇게나
산바람에 서로 비비고

다람쥐 까투리
청설모 산비둘기 족제비
쫓기고 쫓으며
들바람에 솜털이 빠지도록

그런 일들이
어디 예삿 연이랴.

한평생 사는 일이
산바람 들바람에

비비고 쫒기고 쫒으며
솜털이 다 빠지도록
오르막 내리막
봉우리 골짜기를 헤매는
산행 같다.

꿈(2)

꽃샘바람 부는
다 저문 오후,
헐렁한 옷차림으로
장바닥에 퍼질러 앉아
가윗소리 신명난
호박엿을 사 먹는다.
엿판의 주인은
오십이 넘어 보이는
기미가 덕지덕지 붙은 여잔데
엿 맛이 그만이다.
낯선 아지매가 지나며
아는 체를 하는데
깨어보니 꿈,
혀끝에 아직 남은 단맛이
꼭 현실 같다.

글쎄, 오늘 하루
엿 먹을 일이 있을까
먹는 꿈을 꾸거나
꿈에 여자를 보면
재수가 없다고들 하는데
오늘 하루

꽃샘바람 앞에
호주머니 털릴 일이 없도록
정말로
엿 먹는 일이 없도록
조심해야 하겠다.

보리

가난도 사람을 가려 붙는가?

보릿대
마디마디
빈속처럼 살다 간 순실아범이
사는 게 무어더냐 물으면
나는 할 말이 없네.

그끄러께
멀리 보낸
순실아범의
바람처럼 구름처럼
들려 가던
꽃상여

꽃상여 가는 길
울며불며 따라 붙던 순실이

순실이 울던 밤에는
뒷 숲
댓잎이 울고
솔잎이 울고

장독대 옆
감꽃도 덩달아 지고

순실이가 울면
차돌아범네
천수답 보리밭도 함께 우는데

모두가
세월 따라 변했지

소나무가 베어지고
대숲이 사라지고
아파트가 세워진 보리밭에는
종달새 소리도 없어…

그렇게
보리밭은 잊혀가고 있었다.
푸르게 굽이치던 보리밭이
잊혀가고 있었다.

저녁놀

간다
아주 간다

살붙이도
덤받이도
서럽게 남겨 두고

한평생 괴로움도
돌아보니 웃음인데

누구에게나
목숨은
은총으로 주신
사랑

무엇을 가지고 떠나랴.

빈손조차 짐이 되는
저승길

금붙이
은붙이

이승의 모든 것들
부질없는 허깨비.

산마루에
문득 머문 고운 저녁놀이
마냥 서러운 것을

밤비

밤비가 온다

어둠은 산을 감추고
밤비는 눈을 가리고

건넛산
완산칠봉完山七峰을 볼 수가 없다

일곱 봉우리 중
한 봉우리도
볼 수가 없다

이 시각
완산칠봉을
보는 이가 없으므로

만경강萬頃江(2)

흰 구름도 모이면
비바람을 부른다

만경강
소리 없이 흐른다고
생채기가 없으랴

보릿대
마디마디
천년
묵은 한을
육자배기 가락에 실어
달빛처럼 흐르는
만경강

목천포* 앞에까지
바닷물이 밀려드는
오늘밤에는
가난에
등이 굽은 노령도
무릎을 펴고
딸린 샛강들의 시름도

잠시 잊고

그저 미리내나 되고 싶다는
만경강

[註]목천포: 익산시에 딸린 만경강 중류에 있는 선착장

동백

동백꽃이
빨갛게 피었습니다.

모진 눈보라에
더 선명하게

긴긴 밤이
외롭다더니
진빨강으로

삭풍 속에서
동백은
꽃잎을 만들어 냅니다.

붉은 피로
새봄을 엽니다.

민들레

산마루 흰 구름
어리 안 솜병아리

일찍도 피었구나
민들레야

지난해 우여곡절
힘 드는 세상

세월이 괴로운 줄 알았으면
꽃을 피웠겠느냐

두어 번은 더 있을
꽃샘에
무슨 일은 없겠지마는

심사心思가 아주 뒤틀린
계집의 입덧처럼 맛이 변하는
봄바람의 변덕에
노오란
네 수줍음이
혹시 상하지나 않을까?

토요일
봄볕 좋은 오후
근심스럽다.
해 모두 기울도록

3부

낙화

Ⅰ
꽃이 진다

꽃샘에 놀랜 앙가슴 겨우겨우 진정시키고
봄볕에 흐드러지게 피었던
진달래 붉은 꽃잎이
벌써 진다.

사나흘 화사한 눈부심만큼
낙화는
그만큼 가슴 아픈가.

산수유
개나리
노란 꽃잎이 진다.

Ⅱ
꽃 피질 않으면
꽃 지는 일도 없으련만……

꽃은 어찌 피었다
어째 지는가

Ⅲ

바람 분다
바람이 분다

바람 때문에만
꽃이 진다 생각했는데
제 몸에 부어지는
햇빛의 무게를 감당치 못해서도
꽃이 지고 있구나.

백치白痴 같은
백목련 하얀 꽃잎이
지금 떨어지고 있구나.

화사하게 핀 꽃들
겨우 사나흘
봄 한철을 피었다가
떨어져
흙으로 다시 가고 마는 것을

Ⅳ

고개 들면

흰 구름 흩어지는 산마루가
아득히 먼데

떨어지는 꽃잎들
내 눈에만
오직, 내 눈에만
슬프게 비치는 것이 아닐까

목련

봄비가 내린다.

어제 오후 활짝 핀 목련 꽃잎이
오늘 아침엔
봄비에 흩어진다.

반편半偏이
백치白痴같은 표정의
하얀 목련 꽃잎이
하루를 못다 피고
허망하게 부서져
봄비에 젖고 있다.

농염하게
뽀얀 꽃잎이
알몸으로 무너져
맨땅에 바둥거린다.

매미날개 같은
산벚 꽃잎도
봄비에 같이 지는데

어디서 날아 왔는가
비에 젖은
흰나비

세상일
탈속脫俗이나 한 듯
봄비 속을
청승맞게 날고 있다.

할미꽃

싸리울
개나리꽃 노랗다.

마당의 봄볕에
세 칸
초가草家일랑 내맡기고

봄바람에 홀리어
들로 나간다.

토방의 똥개도
단단히 홀려
누런 꼬리털을 흔들며
따라 나선다.

마을 밖
열녀문烈女門
앞산 너럭바위
건넛산 개울 건너
봄이 한창인
들로 나간다.

가다가 삐비 뽑고
풀밭에 앉아 풀잎피리도 불면서
세상일 시시비비를 잊고
시름없이 비탈에 누워
산마루 멀리멀리 흘러가는
구름을 본다.

문득, 구름이 그려내는
어렴풋한
할머니 모습

저만치서
우리집 똥개
꼬리치며 폴짝폴짝 뛰는 것이

할미꽃을 보았나 보다.
생전의
우리 할미 같은……

장자莊子

진화론은 말한다.

이억 년 동안 살던 공룡들은
육천오백만년 전에
갑자기 멸종했고
현생 인류의 조상이라는
호모 사피엔스는
이십만 년 전에 나타나
직립으로
땅 위를 걷기 시작했다는
그런 이야기들을
진화론은 담담하게 말한다.

이억 년……

나는 모를 시간이다.
십년이면 변한다는 강산
한 해에도 몇 번씩 바뀌고 변하는데

알고 싶지도 않고
알 수도 없는 시간

하루살이는 초승과 그믐을 분별 못하고
여름 매미에겐
봄가을이 다를 바 없다는데

진화론
이십만 년이
호모 사피엔스를 무엇이라 부르건
한 꺼풀 욕심을 벗겨내면
아직도 수줍고
정이 많은 사람들

이억 년, 이십만 년, 이천 년
혹, 이백 년이
욕심을 벗겨내고 보면
결국 같은 시간이라네.

장자莊子의 말이다

산 내음

산에 올라
토실한 고사리며
참취를 뜯어오다.

온몸에
묻어 온 산 내음이
집안 구석구석
겨우내 쌓인
묵은 내를 밀어낸다.

저녁 식탁이
쌉쌀한 취 맛으로
한결 새롭다.

도라지

봄볕 고운 날
아내와 산에 오르다.

세월의 시샘 앞에
검은 귀밑머리
반백이 다 된 아내가
소녀처럼 좋아한다.

도라지 여남은 뿌리를
흙째로 캐어 왔더니

도라지를 품고 있던
산이
산 내음과 함께 따라와
집안 구석구석을 천천히 돌며
파릇한
생기를 준다.

할머니

청도리
선산의 풀을 벤다.
길게 자란 풀을 한 움큼씩 거머쥐고
서툴게 낫질을 한다.
낫질을 언제 해보았던가
컴퓨터 키보드나 마우스를 당기는 일보다
백 배나 더 어려운 낫질,
땀을 펄펄 흘리며 풀을 벤다.
그렇게 풀을 베다가
하얀 실장갑 끝에 묻어나는
풀빛에서
할머니를 만난다.
생전에 자주 무릎 시리시던
할머니의
대쪽처럼 밭은 다리에
파랗게 드러난
풀빛을 닮은 할머니의 핏줄을 만난다.
세상 인심이 흉흉해지고
정이 마르다보니
저승에 계시는 할머니가 더욱 보고 싶어서
낫을 들고 선산에 가서
풀을 베어 드린다.

낫질을 할 때마다
풀잎에 배어 있는 달빛이 베어지고
바람이 베어지고
세월도 한 무리로 베어지는데
베어낼수록
할머니 그리움은 더욱 무성해진다.

꽃, 그리고 씨

꽃은
생명의 절정입니다.
아름답지 않은 꽃을
나는 본 일이 없습니다.
한 송이 꽃을 피우기 위해서는
일월과 비바람과 구름과
모든 벌레들까지
한 치의 오차도 없이
서로 호응하여야 되는 줄을 압니다.

씨는
절정의 증거이지만
아직
완성은 아닙니다.
씨가 완성되는 때는
싹트기와 더불어
씨가 소멸되면서입니다.

씨는 꽃을 머금고
꽃은 씨를 잉태하지만
먼먼 유전을 넘어
우리들 가슴에
꽃은 언제나 핍니다.

속삭임

꽃 한 송이 피어 있다.
고운 빛깔로 속삭인다.

'영원부터 영원'까지 계시며
세상의 온갖 소리,
생명의 기쁨만이 아니라
신음 소리, 애통하는 소리까지도
모두 기억하고 계시는 분이
우리를 지으셨어요.

벌 한 마리 찾아와
속삭인다.

'오른손이 하는 것을
왼손이 모르게 하라'고 하시는 분이
우리를 꽃으로 인도하여
꿀을 먹이라 합니다.
꿀을 먹여
새끼 벌을 기르며
은밀한 중에
꽃에게 봉사하며 살라합니다.

바람이 지나가며
귓속말로 속삭입니다.

우리들 더러
'빛과 소금'이라고 하신 이가
꽃을 가르치라 했습니다.
꽃마다 찾아다니며
꽃이 제 빛깔로 교만해지지 않도록
때가 되면
꽃을 떨구라고
때가 아닌 때에라도
몇몇 꽃을 떨구라고
우리에게 일거리를 주셨습니다.
그러나,
이 사명을 감당하기가
얼마나 힘들고 괴로운 일인가를
알려하지는 마셔요.

어떤 손길

이름을 밝히지 말라며

오늘 아침
어느 졸업생이
장학금을 전달해왔다.

한 푼이 새로운
IMF 시대에
일천만 원씩이나……

도서관 모퉁이
곰팡내 나는 앨범 주소록에
누런빛 글씨로
이름 석 자는 보이는데

어찌된 일일까?
졸업생의 얼굴을 찾을 수 없다.

생각해보면
베푸는 손길들은
풍성히 가진 자들의 고매한 인품이나
달변達辯으로 사랑을 말하는 자들보다도

괄시恝視받는 자
적게 가진 자들의
이웃에 대한 연민의 몫이
대부분이던 것을

오른손이 하는 것을
왼손이 모르게 하라

그렇게 배웠을
반백半白의 졸업생의 얼굴이
지천명知天命의 감동을 주는
오늘 아침

개철쭉

이쁘고
고운 꽃들 모두 시들고
늦게 핀 개철쭉이
피처럼 붉다.

전라도에 시집온
경상도의 새댁이
첫 몸 푸는 그믐밤

몸부림을 더할수록
더욱 짙어지는
개철쭉 붉은 피

붉은 핏물이
만경강萬頃江을 흐르면

만경강萬頃江
핏물을 먹고 자란
게[蟹]들이
모두 기어 나와
육자배기 가락으로 운다.

이 땅의 짐승된 것 서러라고
진양조 늘어진 거품으로
서럽게 운다

북만주北滿洲
흑룡黑龍 요동遼東
호호탕탕 누비던 기개를 버려두고
아직도 백제百濟 신라新羅로 나뉘어
천년을 지나서도 패싸움질인
너갱이 빠진 나라
촉 떨어진 나라
이 땅에 태어난 것이 서럽다고

만경강萬頃江 게[蟹]들을 따라
전라도의 모든 게[蟹]들이
한 목소리 육자배기 가락으로 운다.

게[蟹]울음
미리내 별빛 다 이울도록
서러운 그믐밤

아아 그래도 천행天幸인가

새댁의 숨소리며
붉은 핏덩이의 숨소리가 아직 고르다.

* 전라도로 시집오신 할머니의 고향은 경상도 진주晉州다.

고추잠자리

가까이
산도 있고 들도 있어서
아파트가 밀집된 이 도심에서도
고추잠자리를 볼 수가 있지.
아침 일찍부터
하늘을 높이 나는 고추잠자리들의
경쾌한 비상
자유로운 날개짓
여러 마리가 무리 지어
이리저리 어지럽게 날면서도
서로들 부딪치지 않는 것을 보면
대단한 비행술이지.

바로 그때,
느닷없이 날아온 제비가
번개처럼 고추잠자리를 낚아챈다.
피하지를 못하고
피할 겨를도 없이
제비의 먹이가 된 고추잠자리.

일찍 일어나는 새가 벌레를 잡는다더니
정말 그런가?

약육강식이라더니
그 말이 정말 옳은가?

일찍 일어나
멋진 비행술을 뽐내며
자유롭게
높이 높이 날던 고추잠자리가
순식간에
제비의 사냥감이 되는
이런 형편이
우리들이 사는 세상살이인가?

소나무

세월을 어찌
아름다운 이야기로만 채우리.

죽어 가는 것들이
모두 아름다움일 수 없는 시대를
우리는 산다.

이 산 저 산
소나무들
솔잎혹파리와의 생사다툼에
푸른빛 솔 이파리
아낌없이 내어주고

비단 죽어 가는 것이
소나무들뿐이리.

안타까운 IMF에
사랑스런 내 나라의
아버지가 쓰러지고, 어머니가 가출하고
세상 살아가는 기준들이
와르르 허망하게 무너진
이 어려운 시기

밤새 안녕하셨냐는 인사가
가슴을 눈물겹게 때리는데

허나, 친구여.
몇몇 푸른 소나무의
노란 송화가루가
아직도 우리의 가슴속에
낭만으로 뿌려지는 동안은
숲 속을 휩쓰는
솔잎혹파리도
머지않아 사라지고 말 것이니

그때까지
정말로 그때까지 만이라도
우리들의 여린 생명을
어떻게든 움켜쥐어야 하겠다.

산을 오르며(1)

적수공권赤手空拳
맨손 맨주먹
아무 것도 가진 것 없이
그렇게 왔다 가는 것이 인생이라고
말하지 말라.
부여받은 생명만으로도
가슴 벅차 오르는 감동
어찌 손에 쥐어지는 것만이
지닌 것이랴.

빈부 귀천 부귀 공명이
어느 하룬들
우리를 자유롭게 풀어주는 날이 없지만
세상을 떠나며
가지고 가야 할 인과因果들을
눈에 아니 보인다고 함부로
버려 둘 수 있으랴.

산을 오른다
매일매일 마지막처럼
모든 일에 미움을 털고
감격하며 사는 법을 배우기 위해

오늘도 산에 오른다
어제 올랐던 산을 오늘도 오른다
가쁜 숨 헐떡이며
바람 부는 산에 오르면
멀리 보이는 도시에서 바람이 분다.

“너는 내일 일을 자랑하지 말라
하루 동안에 무슨 일이 날는지 네가 알 수 없음이니라”

빚

세상을 살면서
빚 없이 사는 사람 누가 있는가.
부모 형제
친구들과 이웃들
가르쳐 주신 선생님
내가 사는 세상과 현재 앞에
빚 안진 사람이
정말 있는가
내가 내게 진 빚도 많지만
내가 다른 사람들에게 갚아야 될 빚이
너무도 많다
흥청망청
너도나도 잘 먹고 잘 쓸 때는
그런 생각이 없었는데
어려운 시대를
너나없이 힘들게 살다보니
받아야 할 것들보다
갚아야 될 것들이 더 많음을 알고
나 스스로도 놀란다
어떤 한 사람이 실직되어
내 주변을 기웃거릴 때
또 어떤 사람이 노숙자 되어

내 잠자리에
불편한 꿈으로 찾아 왔을 때
내가 그들에게 진 빚을
어떻게든 갚아야
내가 편히 잘 수 있을 터인데
나는 언제나
그들에게 빚을 갚을 수 있을까.

비둘기

동국대학교 분수대 앞
비둘기 떼들은
IMF와 상관없이
살들이 통통하다.
사는 곳을 잘 선택했는지
하늘의 축복을 받았는지
끼니때마다
먹고 마실 걱정이 없이
여기저기 버려진 것들을 잘도 주워 먹는다.
비둘기들은
직장에서 쫓겨나
줄담배나 피고 있을 필요도 없고
구조조정에 밀려날까 두려워
집단농성을 할 일도 없이
분수대 주변의 빵 조각 과자 부스러기를
뱃속에 가득가득 채우면 될 뿐
실직과는 관계가 없다.
동국대학교 앞 잘난 비둘기 떼들은
오후 되면서
분수대가 뿜어내는 물방울로
날개에 묻은 먼지를 씻거나
분수대가 만들어낸 무지개를 바라보며

딱딱한 부리로 제 털을 곱게 다듬기에 바쁘다.
IMF와 아무런 관련도 없는
이 비둘기 떼들은
도대체 어느 나라 새들인가
몽땅 잡아다가
털들을 홀랑 벗겨내어
소금으로 간을 잘 맞추고 알맞게 구워
급한 대로 허기부터 채웠으면 좋겠다.

허수아비

초점 없는 눈
두 팔을 벌리고
누더기를 걸친 허수아비.
시끄럽게 깡통을 흔들며
몸 발광을 해도
덤덤한 새떼들,
이런 모습으로는
새 한 마리 도망치지 않는다.
뚜껑이 떨어져 나간 밀짚모자 속
퍼붓는 여름 햇빛에
한줌 남은 뇌수腦髓마저 바짝 말라붙어
도대체 괴로움을 모르는
우리들의 허수아비.
우리 시대의 허수아비는
새들과 놀아날 배짱도
새들을 쫓아낼 수단도 없이
새들의 노리개가 되어
새 똥의 표적이나 되고 있는데
일찍부터 실직된 참새 떼들이
벼이삭을 타고 앉아
통통한 메뚜기를 잡는 일이
마냥 즐거운 듯

허수아비를 놀리고 있다.
채마밭에선
빨갛게 익어 가는 고추가
매운 맛을 확확 풍기며 달아오르고
들깻잎 가장자리로 뛰어 오르는
살찐 방아깨비의 넓적다리에
여름이 한창인데
이목구비
어느 곳도 열린 구멍이라곤 없이
허리 비틀어진 허수아비만
새를 쫓겠다고
외다리 외 눈썹으로 두 팔 벌리고
찢어진 밀짚모자를 눌러 쓰고
푸른 들판에
썩은 장승처럼 서 있다.

호박꽃

지난 밤 폭우에
휩쓸려간 고추 밭 이랑
함부로 자란 쑥무더기가
하늘로 뿌리를 드러낸 채
벌렁 드러눕고
붉은 황토로 덮인 메밀꽃이
과수댁寡守宅을
실신케 한다
쓰러진 미루나무 가지 위
네댓 마리 참새들의
풀려 있는 동공瞳孔이
휩쓸려 떠내려간
둥지와 알을 체념하고 있다.
일개미 싸움개미 여왕개미까지도
한 무리로 떼를 지어
아무 것도 남지 않은 황토를 뒤지며
새끼들의 먹을 것을 찾고 있다.
폐허만 남은
처연한 들판,
이런 날
이른 아침
호박꽃이 피었다.

황토에 뿌리를 깊이 내린 호박 줄기
촌티 나는 꽃 아래
어떤 꽃은 호박을 달고
노랗게 피었다.
소리 없이 핀 호박꽃이
두툼한 입술로
우리시대의 절망을
위로한다.
앙증맞은 호박을 달고 핀 호박꽃
왈칵 눈물이 앞을 가린다.

4부

폐사廢寺에서

해가 기운다
산수유 꽃잎
흩어진
풀 무성한 절[寺] 터,
땅을 기는 뱀에
쫓기는 다람쥐
덩달아 급한 메추리도
시누대 바람 사이로 숨고

붉은 노을
개철쭉 핏빛으로
번지는 산마루에
아득한 목탁 소리
아아 파계승破戒僧
참선參禪하는 소리

이승
저승
갈리는 길이 어떻게 다른지

오늘밤
달빛이
하마 밝을까

정이품正二品 소나무

육칠십
더러는 팔구십
질기고
모진 목심
애환도 가지가지
목구녁에 숨 붙은
그 동안만 목숨인디
남은 시상
그냥 그냥 사는 겨.

솔잎에
쌓이는 시상 먼지
물안개로
목탁소리로
씻고 헹구며
순허디 순하게만 솔씨를 키워온
속리산
정이품正二品 솔.

살다가
천재지변이 읍긴 왜 읍서
낭그 속 깊이깊이

솔잎혹파리에 멕히고
지지난 해 베락에
어깨 한 쪽 떼어주고도
여전히
청청靑靑한 기개氣槪

정이품正二品이
까닭 없는 베슬인가!

비바람 눈보라
천둥 베락
삭신을 잘라내는 아픔도 겪으며
몇 수백 년 살아온
독毒헌 목심인디
자연인디

정이품正二品 솔
오늘 보니
그 잘려나간 어깨의 기백氣魄만으로도
깐깐히
태산泰山을 장히 누르데.

겨울 일기

모월모일
IMF 이후 첫겨울.
소문에 의하면
내년엔 봄꽃을 볼 수 없단다.

혹한, 눈보라
매서운 삭풍 때문이 아니라
봄여름 가을 모두 지나도록 나무들이
꽃눈을 만들지 못하였단다.

—세상이 조용해야 나무들도 편하지—

비바람 천둥 번개
논밭에 황토를 퍼붓고
급한 물이 강을 뒤집고
겨우겨우 휩쓸리지 않은 나무들
붙어 있는 이파리로
하루 몫 그나마 사는 일도
진저리나던 여름

지표를 마구잡이 할퀸 비[雨]로
깊은 뿌리까지 거덜 나

나무 자체의 생사가 급한 상황에
무슨 여력으로
꽃눈 만들 형편이었느냐는
개나리 진달래의 항변
이미 내조직內組織이 회생불능이라는 홍매화

지금은
더욱 냉혹해진 IMF로
목질木質 속속들이 진행된 나무들의 동파를
몇 겹 짚으로 줄기나 감싸주면
설마 이 겨울이야 못 견디겠느냐는
돈 많이 퍼 들여 배운 사람들의 싸늘한 논리
아름드리 자란 나무들이
속절없이 죽어 가는데
사태의 심각성을 전혀 모르는
교활한 지성, 배부른 종교를
이제는 너나없이 나무랄 수도 없어……

내년 봄에는
꽃을 볼 수 없단다
나무들이 거의 죽게 되어 꽃을 볼 수 없단다
봄꽃을 볼 수 없는 일이

볼 수 없는 일로 끝날 일일까?

이듬해
생존자들에게만 주어질
입춘이라는 보상이
우리를 참으로 슬프게 한다.

어떤 사람

한 사람이 찾아와 흥분하여 말했습니다.
나는 이제 완전히 망했습니다.
정말로 빈털터리가 되었습니다.

그에게 물었습니다.
당신은 부인이 있습니까?
예, 지금도 저를 극진히 사랑하는 아내가 있습니다.

당신에겐 자녀가 있습니까?
저에겐 모든 일에 순종하며 생활에 성실한 자녀들이 있습니다.

다시 물었습니다.
당신은 친구가 있습니까?
물론입니다. 그는 항상 제게 위로가 되어주고 힘이 되어주었습니다.

그럼 한 가지만 더 묻겠습니다.
당신에겐 믿음이 있습니까?
저는 열심히 기도하는 생활을 해왔습니다.
어렵고 힘든 이웃들을 위하여 헌금도 하고
그들을 위해 틈틈이 봉사하며 살아왔습니다.

며칠 후 그는 다시 찾아왔습니다.
아주 밝은 얼굴로

저에겐 소중한 것들이 아직도 많이 남아 있음을 잊고 있었습니다.
그들이 제게 있는 동안 저는 외롭지 않음을 알게 되었습니다.
그것들을 일러주신 당신께 감사합니다.

그 이후
그 사람은 다시 오지 않았습니다.

달무리

강강수월래
강강수월래

달이
구름 뒤에 숨어 부르는 노래
전라도 여자들이
머리 풀고 부르는
구슬픈 노래

강강수월래
강강수월래

구름은 구름대로
달은 달대로
노령蘆嶺 산마루에
깊은 수심愁心 춤으로 벗을 때

중평리 방죽에
몸을 던진 달님이
유명幽冥에 있는 몸
쉽게 보여주는 푸른 물 속
거꾸로 선 산등성에 뿌리 두고

달빛으로 핀
연꽃잎

불심佛心이 스쳐 가는
꽃잎마다
백팔가지 번뇌가 씻겨
달무리로 떠오르는
내 영혼의 노래

강강수월래
강강수월래

피

이른 봄
장미를 손질하다
해 묵은 가시에 찔린
손등에서
피가 흐른다.
떨어진 핏방울이
흙 속으로 스민다
내 생명의
영역을 떠나
조금 먼저
흙으로 돌아가는
핏방울의 흔적을
내 영혼이
슬프게 바라본다.

그믐밤

토끼야
토끼야
달에서 방아 찧던 토끼야

푸른 잎 계수나무
잎이 마르고
월궁月宮 항아姮娥
고운 얼굴
시나브로 잊히고

세월 앞에 어찌 모두
이런 모습뿐인지!

토끼야
토끼야
쿵덕궁 쿵덕 방아 찧는 토끼야
그 까닭을 너는 알고 있을 텐데

오늘은
그믐밤
별빛조차 어둡다.

박꽃

가난에도 정을 붙이니
살만하다

박꽃 한 송이

까마아득
먼 시공時空
어느 먼 별에서 밤새도록 달려와
지붕 위에 지쳐 누운
별빛이 운다

눈물방울
까닭이 없으리

새벽녘
꽃 빗장이 열리면
유현幽玄한 하늘에
가는 목을 길게 뻗은
박꽃

초가지붕 위
천녀天女 같은

하얀 박꽃이

누가
박색이라 하는데도
못 들은 척
무심히 웃고

별빛은
그 모습이 가여워
울고 있다

사월

진달래
곱게 핀 사월

사립문
반걸음만 나서도
돌담 밖
온통 봄인데

두멧 가시내
뭉실한 앞가슴
햇빛이
잠깐 스쳐가도
큰 죄나 지은 듯
두근거린다

하루 종일
제 정신이 아니다

상극相剋

어른들 말씀이
닭과 지네는
상극相剋이란다.
서로 마주보기만 해도
저희들 생전엔 못 풀
분한 속사정이 있는지
닭은 닭대로
지네는 지네대로
제 기氣로
상대의 살煞을 녹이려 한단다.
그래서 남는 것은
서로의 공멸
저희들의 불행임을 잘 알 텐데도
닭은 지네를
지네는 닭을
그렇게 죽이고 싶은 것일까?

닭과 지네는
상극相剋이다.
이따금 허리 아픈 사람들이
닭 속에 지네를 넣고 졸여서
그 졸인 물을 아침저녁으로 마시면

허리가 가뿐하니 좋아진단다.
상극相剋이
이런 좋은 효과를 가져 올 수도 있지만……

할머니(2)

I

짜르르르 벼락친다
밤하늘 어디가 찢기었겠다

서른 안짝에 청상青孀 되신 할머니
천둥 뒤 적막寂寞함이
되레 두려운 밤
밤새도록 천둥이나 울면
외로움이나 덜하지

삯메기
삯바느질
날품 모내기
무랑물 김생원네 물레질을 해주고
쌀 됫박 받아오는 그믐이면
애비 없이 자라는 아들 셋
물레에 무명실 빠져나오듯
무병無病으로 쑥쑥 자라 주기만
천잠사天蠶寺 보살님께 손바닥이 닳도록 빌며
아랫마을 윗마을 집집을 찾아
개피떡도 팔고
때로는 잔칫집 부엌일도 거들고

이제는 지긋한 나이에
천둥도 그저 그러려니……

Ⅱ
밤 이슥토록 땅강아지 운다.

6·25 전쟁 중
배고픔을 잊겠다고 삼킨
양잿물로 피 토하고 죽은
셋째의 눈물인 양
파란 달빛이
툇마루를 비치고

거기 툇마루에
달빛으로 앉으신 할머니의
새로 바른 문풍지 파르르 떨듯
흔들리는 굽은 등……

영감님 미운 생각에
신경통이 다시 도지신다는

아아
우리 할머니

산

바위틈
굽은 솔
줄기줄기 솔보굿

해거름 산등성
참나무 가지가지
청설모는 무슨 일로 바쁜지

산은
아무 말이 없는데.

산마루
핏빛 저녁놀

칡덤불 숲길에서
갈대들 찢어진 목청으로 부르는
저승길 노래

지리산 산등성이
개철쭉 꽃잎에 옮겨다 부은
친구의 아린 첫사랑

산은
이런저런 사연들을 알고 있을 테지만
아무 말이 없는데

사람들은 정말 모르는 게 없어

뒷모습

뒷짐 진 손에 합죽선을 쥐고
점잖은 걸음으로
조용조용 걸어가는
어떤 사내의
뒷모습

어느 쪽으로도 기울지 않은
중심이 잘 잡힌
그만한 뒷모습을 지닌 사람이
요즘 세상에 몇이나 될까

나이는
육십 서넛 정도의 반 대머리
희끗희끗 흰머리도 보이는
다소 촌스러운
그러나
전혀 뒤가 켕기지 않다는 듯
맑은 영혼이 보일 듯한 뒷모습

그 사내가
문득
합죽선을 펴서 흔들면

삼복을 두루 식힐 바람이
슬픈 영혼들에게 씌워진
저승불까지
모두모두 불러내어
불씨 하나도 남김없이
꺼줄 것만 같다

선화공주善花公主

1
꽃을 찾는 마음
예나 지금이나 다르랴.

몇 천리 날고 날아
서동薯童을 깨운
꽃향기

궁성에 널리널리 퍼지는
아이들 노래,
그 노랫가락
한번만 들어볼 수 없을까?

– 선화공주님은[善花公主主隱]
– 남 그윽이 교합交合해 두고[他密只稼良置古]
– 마동방을[薯童房乙]
– 밤에 몰래 안고 가다[夜矣卯乙抱遣去如]

2
낯선 산
서툰 입맛에도
정이 쌓이고

님 곁에 바짝 붙어
마를 캐는
아아 공주님
달빛보다 아름다운 선화공주善花公主님

밝은 별빛
서라벌 비사벌에
국경 없이 비치는 까닭

신라新羅 백제百濟
두 나라
아직까지 모르는구나.

註: 서동요薯童謠 노랫말－김준영(전북대 교수) 직역본直譯本을 인용함.

동물농장

동물농장에서 회의가 열렸습니다.

사회는 박쥐가 맡았습니다.

오늘의 주제는 "누가 가장 충성스러운가?"로 정하렵니다.

소 – 내가 없이는 농사일이 안 되지요. 무거운 쟁기를 누가 끕니까?

말 – 나의 역할도 크지요. 하루 종일 주인을 태우고 다니다가 파김치가 되어 돌아옵니다.

돼지 – 버려지는 온갖 음식물들을 누가 먹어줍니까? 내가 없으면 음식 썩는 냄새로 농장은 숨쉬기조차 힘들 겁니다.

개 – 낮과 밤을 누가 지켜 줍니까? 여러분의 평안은 나의 공로입니다.

닭 – 아침과 밤 시간은 내가 알려줍니다. 내 목소리로 여러분은 일어나고 쉬게 됩니다.

고양이 – 양식을 지키기 위해 나는 헛간에서 쥐잡이를 해야 합니다.

양 – 주인은 몸이 약합니다. 주인이 좋은 털옷을 입고 겨울을 지낼 수 있도록 나는 열심히 털을 기릅니다.

여러분의 이야기 잘 들었습니다. 이제 가장 충성스러운 동물을 추천합시다.

……

……

추천된 동물이 없이
회의는 끝나고 말았습니다.

그들의 속마음은
상대방이 자기를 추천해 주기를 바랄 뿐
그들은 서로를 시기하고 있었습니다.

서로 미워하게 만들기 위해 악마는 이런 방법을 사용합니다.

"누가 가장 충성스러운가?"

웅녀熊女와 새

사람과 짐승 다른 것이 무엇인가?

아득히 먼먼 옛날에
사람이 되고 싶은 범과 곰이
신령스런 쑥 한 줌, 마늘 스무 쪽을 가지고
동굴 속에 들어가
백일 동안 햇빛을 보지 않고 지성을 드려
곰만 여자가 되었다는데
그 여자를 웅녀熊女라 불렀어.

착하고 선한
웅녀熊女의 후손들은 갈수록 거칠어져
버릇없고 영악하고 제 몸만 알고
심성이 비뚤어져 남 잘 되는 꼴을 못보고
땀 흘리기 싫어하며 먹고 마시고 노는 일을 더 좋아하고
아까운 것 없이 무엇이든 물 쓰듯 하고
떠들고 개판 치고 뒷말 잘 하고
불친절 · 특권의식 · 적당 적당 · 무사안일에
공사公私를 분별 못하고
일류병 · 감투병 · 탁상공론 · 표리부동 · 거드름
체면치레 · 헛기침 · 낭비벽 · 무고誣告 · 뒷거래
권세에 빌붙어 학자들은 글줄이나 팔아먹고

봄여름 가을 철새, 또 어떤 놈은 겨울 철새가 되어
국적도 신분도 불분명하게
우리 것은 뒷전이고 외제라면 똥물도 즐겨 퍼먹고
폭력이나 살육을 즐겨
걸핏하면 큰소리로 쌈박질을 하다가
아버지와 자식이 서로 죽이고
참으로 한심한 일이지.
착하고 선한 웅녀熊女의 후손들이
어쩌다 이 꼴이 되었느냐고
아직도 곰의 순한 피
그대들의 핏줄 속을 돌고 있노라는 말을 떨구며
높게 나는 새 한 마리
근심스럽게 하늘을 돌고 있다.

손바닥

스웨덴에 가보면
『밀레스』 조각공원이 있다는데
거기 「하나님의 손」이라는 작품은
벌거벗은 사람이
하나님의 손바닥 위에 서서
하늘을 바라보는 모습이란다.
비슷한 이야기가 서유기西遊記에도 있지.
원숭이 손오공孫悟空이
여의봉如意棒 들고
근두운觔斗雲 타고
하늘을 소란케 하다 부처와 맞닥뜨려
제 재주만 믿고 내기를 했지.
건방진 손오공孫悟空은
부처의 손바닥을 날아
단숨에 땅의 끝 다섯 기둥에 이르러
'제천대성齊天大聖 도차일유到此一遊'라는 글과 함께
제일 큰 기둥에 오줌을 누고 돌아왔으나
땅 끝 다섯 기둥이
부처님 손가락이었다는 것을 알고 도망치려다
오행산五行山 바위에 갇혀
오백 년 동안 다시 나오기를 기다렸다는데
우리가 놓여 있는 곳

정말 하나님의 손바닥 위다.
손바닥 위에서 우리들은 무엇들을 하고 있는 것일까?
하루하루 사는 일, 참으로 힘들고 망망茫茫한 IMF 시절
갇혀 지내는 원숭이 꼴인 우리들을
바위산에서 풀어 내줄 대안은 없는가?
하루 종일 나는
내 손바닥의 여기저기를 살펴볼 뿐이다.

살풀이

깊어 가는 가을밤
풀벌레 울음소리
솔잎에 달빛 스미는 소리
대숲에서 솟은 바람
저희끼리 부딪는 소리
무덤 곁 갈대들
고개 숙여 참회하는 소리
바람이 불면
산의 풀들 모두 엎드려 통곡하는 소리
골짜기로 흐르는
밤 물소리를 따라
온몸으로 길게 우는 대금
아쟁 산조에 쓰러지는
무당의 그림자 저만치
살풀이로 풀리는 열두 박 느린 가락이
이승을 떠도는 혼불을 붙들고
흐느끼는 소리

5부

타령조打令調

요즘 흔히 쓰이는 말로
억대億臺의
떡값이라느니
탈세를 했다느니
또는, 도박판을 벌렸다고 하는데

「억億」이라는 그 말이
그냥 그런가보다 싶다가도
억판을 끝내 견디지 못해
억척같이 살아온 삶을 포기한 이웃이나
억병으로 취해 쓰러져
아깝게 간 친구의
한창 젊은 나이가
참으로 억울하다는 생각이 들어
이대로는 잠들 수가 없다.

우리말로는
다 똑같은 글자 「억」인데
특별하신 분들이나 쓰시는
그 「억億」이라는 말—
우리처럼
억지웃음으로 사는 사람들은

평생 해볼 수 없는
개꿈 같은 소리다.

달

팔월 한가위
달님에게
소원을 빈다.
오래오래 잘 살게 되기를 빈다.
내가 아니라
우리가 잘 살게 되기를 빈다.
달로 떠나는 우주선이
땅 위에 평화를 주는 것은 아니지.
나와 그대가 장수하고
자녀들이 무병無病하고
이웃들의 생계가 위협받지 않기를
달님에게 기원해본다.
달빛을 따라
캄캄한 밤길 살펴간 사람이
달님에게 허리 굽혀 감사하는 일을
꼭 샤먼이라 해야 하는가?
어디서 달빛을 싸고도는
맑은 소리 들린다.
대금에 잔잔히 실려 오는
요천순일지곡堯天舜日之曲 한 소절
지금은 달님에게 복을 빌 시각,
하루하루 사는 일

더도 말고 덜도 말고
한가위만 하여라.

산을 오르며(2)

점심을 먹고
뒷산에 오른다.
수북이 쌓인 나뭇잎 위에
투두둑
떨어지는 것
도토린가 주워보니
토실토실 잘 여문 상수리 열매다.
자연이 마련해 둔
다람쥐 일가一家의
겨울 양식.

열매가 떨어진다.
스스로 때[時]를 알아
땅으로 회귀하는
열매들의 질서.

가을은
지닌 것들을 버리라 한다.
나뭇잎도 열매도
남기지 말고
모두 돌려주라고 한다.
비우고서

비로소 살 수 있는
겨울의 지혜

가을은
빈자리의 슬픔을
모르는 것이 아니다.
바람이 불면
버린 만큼 허전한 허릴 붙들고
산등성에서
나는
산山의 소리로 울었다.

굿

1. 어머니

없는 살림이라
궂은일들이 더 악을 쓰고 덤볐지.
며칠만 날이 흐려도
눅눅한 방바닥이 곰팡내를 내고
무슨 일이 꼭 생길 듯
손발이 떨리고
가슴속이 방망이질이었다.
어떤 귀신의
원통한 한이
어머니를 무시로 괴롭히는지
잔병치레 큰병치레
흉한 일, 구설수, 남사스런 일들로
허구한 날 속 편할 날이 없는지라
마침내 무당이 불려오고,
초저녁부터 찢어지는
꽹과리 소리에 끌려나온 동네 아낙들은
북장구 징 울음에
제 설움의 억장을 씻고 있었다.

2. 비나이다

비나이다
비나이다
부처님 전 미륵님 전 비나이다
성주님 조왕님 칠성님
조상님 전에 비나이다
한 그릇 정안수와
생쌀 두어 줌을 흩어 놓은
개다리소반 위에
백환권百圜券 두어 장이 머리를 빳빳이 세운
빈곤한 제수祭需를 곁눈질하며
해독할 수 없는 무당의 주문이
신들려 춤추는 동안
어머니는 두 손을 싹싹 비비며
절을 하였고
나는 그때마다
피식피식 웃음이 나왔다.
비나이다 비나이다
빌고 또 빌던
어머니의 첫째가는 소원은
무엇이었을까?

북장단, 춤사위가 빨라지면
무당의 주문이 빨라지고
무당의 빨라지는 입술에 맞춰
어머니의 혼잣말도
동네 아낙들의 넋두리도
선무당이 되어 있었다.

3. 목숨

오늘밤엔
이웃집이 굿을 한다.
몇 년을 누워 사는
강姜씨의 병은
그 용하다는 병원, 사찰, 기도원 등을
이리저리 돌다가
몇 푼 남지 않은 재산을 다 거덜 내고
이제는 한바탕 굿이라도 해보고
천명을 기다리겠단다.
아아, 살려는 본능보다
아름답고 애절한
몸부림이 무엇이더냐!
오늘은 이웃집 강姜씨네가 굿을 한다.

허나, 지금은
어느 집이 굿을 한단들
북장구 소리에 모여들 이웃들도 없으며
나도 피식피식 웃지 않지만
온몸으로 신들려 뛰는
북장단 춤에
칼날처럼 파랗게 빛나는
만 원 권의 섬뜩한 모서리가
새벽녘 내리는
슬픈 별빛들을 자르듯
강姜씨의 야윈 목숨을 베어
허공으로 뿌리는 것을 보았다.

씨

꽃이 진 자리에
씨를 남기는 일은
행·불행 어느 쪽인지?

세상살이
알 수 없는 일도 많고
슬픈 일도 많다.

호박씨는 어째서 납작하지?
은행씨는 왜 구린내가 나는지?
호두씨는 단단한 껍질 속에 복잡한 미로를
꼭 그처럼 두어야 하는지?

나팔꽃 까만 씨 속에
깊이깊이 각인 되어 있는
올 여름
수난水難의 흔적,
파묻힌 볍씨와 함께
떼송장 된
마을사람들의 단말마가 옮겨든
나팔꽃씨에서는
이듬해

어떤 꽃이 피게 될까?

씨 속에서
아름다운 형상과
아비규환의 세월이
싸우든 말든
내일 어떤 일이 있게 될지는
오직 전능자만이 아는 일
우리들은
오늘을 열심히 살 뿐이다.

부여扶餘로 가며

안개 자욱한 아침
버스를 타고 시골길을 달린다.
경운기 털털거리며 지나간 논두렁길에
누렇게 익은 볏단이 쌓여 있고
추수가 끝난 논에선
참새며 까치들이 몰려들어
흩어진 나락을 쪼아 먹느라 바쁘다.
사십이 년 전이던가
내 나이 아홉,
벼이삭에 붙은 메뚜기를 잡기 위해
논에 들어갔다가
뱀을 보고 허겁지겁 도망쳤던 코흘리개가
흰머리 듬성듬성 지천명을 넘긴 나이로
버스를 타고 부여로 가며
어느 사이 창밖으로 달려 나간 회상을 따라
논에서 뛰어 놀던 유년을 웃고 있다.
고추밭에는
늦게 열린 고추 몇 개가
이제 막 빨갛게 익어가고
여기저기 감나무에
주렁주렁 매달린 주홍빛 감은
사월초파일 연등을 걸은 듯하다.

겨울나기 준비에 바쁜 벌들이
길가에 색색으로 곱게 핀
코스모스 꽃잎 속에서
파란 가을하늘을 바라보며
잠시 날개를 쉬고 있다.
누구였을까?
여기에 처음 코스모스씨를 뿌린 사람은.
노랗게 물든 은행나무에도
주절주절 풍성하게 열린 은행들.
굽은 길 트인 길
다리 건너 고개를 지나
버스는 이 산 저 산
낯선 마을을 힘차게 달린다.
버스에 타고 있는 사람들
어떤 이는 졸고, 또 어떤 이는 이야기를 주고받으며
마주 오는 버스에도 가끔씩 시선을 준다.
내가 앉아 있는 자리는
옆자리가 비어 있어
편안한 여행을 즐길 수 있다.
이제 막 시골 소읍小邑을 지나는데
때마침 장날이라서
창밖으로 사람들이 붐빈다.

시골 장날은
먹거리 볼거리가 많았지.
싸구려 보부상들의 후한 입심을 볼 수도 있고
고등어 명태 새우젓 꽁치
우엉 당근 생강 고구마
방물장수의 짙은 화장기
장돌림 할아비의 신세자탄이며
각설이의 품바 춤사위도 구경거리였었지.
장날이면 어느 곳에서나 볼 수 있었던
야바위꾼의 눈속임
장을 따라 움직이는 엿장수 소리쟁이 옹기전
쇠전 주변의 국밥에 곁들여 마시는 사발막걸리
청승맞은 주모의 주정도
시골 장터의 명물이었지.
빨간 신호등이 켜져 있다.
우리를 흥분시키는 빨간빛
멈춰 선 승용차 레미콘 화물차 트럭
오토바이 봉고 직행버스
소음과 매연으로 도시를 오염시키는 차량들이
7000 Å의 파장 앞에서
가던 길을 멈춰 서 있다.
전신주들은 길쭉한 몸통에서 뻗어난

가는 전선을 통해
하루 종일 전자를 이동시킨다.
전화선은 정보의 신경망,
이상한 신호음들이 동영상으로 바뀌어
낯 뜨거운 누드를 컴퓨터의 모니터에서 흔들 때
첨단문명은 바야흐로 오르가즘에 미친다.
어디를 가도 키보드 두드리는 소리뿐
심장을 통해 교감되어야 할
인정이 내몰리고
괴물이 된 컴퓨터가
도시를 송두리째 장악하고 있지만
정작 그들은 서낭당 입구에 뿌리박은
천하대장군天下大將軍만한 생명력도 가지지 않은
기계일 뿐임을 알자.
도시에는 여러 가지 것들이 있다.
음식점 복덕방 가구점 약국 다방 세탁소 구멍가게
화장품코너 화실 사진관 주유소 병원 당구장
노래방 횡단보도 서점 연립주택 파출소 결혼식장
마을회관 교회 슈퍼마켓 문방구 아파트 세차장 극장
편의점 백화점 학교 버스정류소 미장원 전자오락실
그리고 자동차와 사람들,
자동차들의 횡포

특별히 사람들의 이기심,
이런 것들이
썩은 물 흐르는 개천을 따라
우리들의 일상을 엮어
문화라는 이름으로 출석을 부를 때
모든 사람들은 결석하기를 두려워한다.
결석은
밀려남, 곧 죽음이기 때문이다.
지금 버스는 백제의 고도 부여를 향해 달리고 있다.
거기에는 박물관이 있다.
죽은 사람들의 무덤에서 꺼낸
죽은 사람들이 쓰던
금붙이 쇠붙이 옹기그릇을 모아
또 다른 무덤 속에 적당한 설명과 함께 전시해 놓고
그곳을 박물관이라 부르며
돈을 받는 곳이다.
부소산扶蘇山을 끼고 백마강白馬江이 흐른다.
피눈물로 절망으로
낙화암落花岩, 거기까지 몸을 피해
강물에 스스로 몸을 던진 여인들의 오열도
이제는 산바람 강바람으로 사위어
그 흔적 찾을 수도 없을 테지만

고란사皐蘭寺 그 종소리에
꽃잎보다 더 곱고
달빛보다 더 가냘픈
삼천궁녀들의 애달픈 울음이 아직 남아 있다면
그 가슴을 안아주고 싶어서
지금, 버스를 타고 부여로 간다.

슬픔

슬픔은
빛입니다.
길잡이입니다.

슬픔은
가난한 집
불편한 잠자리에서
영혼을 안내하는
스승입니다.

슬픔을 따라가노라면
슬픔은 항상
생명의 오묘한 소리를
눈물로 들려줍니다.

기도

'소금이 만일 그 맛을 잃으면
무엇으로 짜게 하리요'
허나, 맛을 잃은 소금이 한둘입니까.
스스로 맛을 버린 게지요.

'너희는 세상의 빛이라
산 위에 있는 동네가 숨기우지 못할 것이요'

그렇지만 지금은
빛이 파괴된
어둠의 시간
혼돈의 시간입니다.

그래서
기도가 필요한 때입니다.

주님
저희에게 짠맛을 다시 넣어 주시고
빛을 회복시켜 주소서.

노래(2)

남들은
구성지게 잘도 부르는 노래를
내가 부르면
내가 듣기에도 민망하다.
부르고 또 불러도
느낌부터 이상하여
누가 들을까 겁난다.
어제도 불러보고
오늘도 불러보지만
여전히
호흡이 거칠고
박자도 맞지 않는
이 부끄러움.
그래도 계속 불러보는 까닭은
부르다보면 문득
내 입술이 그대로
노랫말이 되고
노래가 되어
누군가의 빈 가슴에
잔잔한
감동을 줄 수 있다고
언젠가 지나가던 바람이

속삭여 주었음을
지금도 믿고 있기 때문이다.

바람

항상 푸른 잎이고 싶은 욕심이
허물이 되었는가?

우수수
낙엽이 진다.

노란 은행잎
빨간 단풍잎을
다그치지 말아라
바람아

기쁨과 슬픔
서로의 연분이 남은
잠시 동안의 일
돌아서면
모두 잊히는데

갈대들
온몸으로 벌 세우는 짓도
그리 좋아 보이지만은 않아

바람아

낙엽도
갈대도
너무 구박하지 말아라.

겨자

겨자씨는
씨앗 중에 가장 적지만
그 씨가 싹이 터 자라게 되면
새들이 깃들고
쉴만한 그늘을 이루니
어려운 이웃들을 위하여
한 알의
겨자씨가 될 수 있다면

겨자씨를 싹 틔우는
햇빛과
물과
공기는
능력이니
이 얼마나 아름다운가

가장 적은 것을
큰 것으로 변화시키는
이러한 힘들은 어디서 비롯되는 것일까?

구원

듣기만 하는 신앙은 눈물이 없습니다
보기만 하는 신앙은 아픔이 없습니다
입술로만 하는 신앙은 괴로움이 없습니다
더러, 가슴으로만 하는 신앙도
슬픔이 없기는 마찬가지입니다.
그러나 온몸으로 부딪치는 신앙은
뼈를 도리는 고난입니다.
구원은
바로 그때, 거기서부터만 시작되는 은혜입니다.

귀가歸家

심야
우등 고속버스를 타고
집으로 간다.

잘나지 못한 껍데기
벗어 던지고
주눅 든 숨
땅 꺼지게 쉬어도
누가 뭐라지 않는

내 집으로 간다.

창 밖
낯익은 얼굴
지쳐 있는데

서울
지긋지긋하다며

밤하늘
모든 별들이
필사적으로
따라붙는다.

아내

철쭉의 아름다움은
철쭉이기 때문입니다.

아름다움은
꽃잎이나
색상이나
모양에 있지 않습니다.
이름에 있지도 않습니다.
존재하는 모든 것은
그 자체로 아름다움입니다.

아내의 아름다움도
그러한 현존 때문입니다.

이른 봄 새순의
쑥부쟁이
씀바귀
그것들의 현존이
바로
참 아름다움입니다.

손手

가령
내 손이 마이더스의 손이라면
스치는 모든 것이
금이 되겠지.

숟가락 젓가락
아내와 자식들도
스쳐 지나가면
모두 금이 되고 말겠지.

그런 끔찍한 손이 너는 좋으냐
그런 잔인한 손이 너도 좋으냐

모든 것을
금으로 바꾸는
마이더스의 손이 너희들은 좋으냐.

사랑까지도
금으로 변화시키는
마이더스의 손은 가라.

이 어려운

절대 빈곤의 시대에
노란 금덩이도 필요하지만

한 잔의 물과
한줌의 흙과
한 가닥의 정을
금보다 더 아끼는 시인詩人이 되자.

소서노召西奴

1
소서노召西奴 부인은
연타발延陀勃의 둘째 딸로 주몽朱蒙의 둘째 황후 연延씨다.
비류沸流, 온조溫祚 두 명의 아들을 두었는데
주몽朱蒙이 부여扶餘에 있을 때 낳은
첫째 황후 예禮씨 소생의 유류孺留로
태자를 삼고 왕위를 잇게 하매
두 아들과 더불어 남쪽으로 내려와
비류沸流는 미추홀彌鄒忽에
온조溫祚는 하남河南 위례성慰禮城에 도읍을 정하니
온조溫祚가 백제百濟의 시조가 되었다.
소서노召西奴 부인은
예순 한 살까지 살았는데
능陵의 위치는 알지 못한다.

2
사소한 이유로도 인간은 슬퍼한다.
소서노召西奴 부인의 슬픔은
백제百濟의 한이 되어
오늘까지 이어져온다.
– 첩실妾室
– 주몽朱蒙의 죽음

— 쫓겨남
— 실향失鄕
건국의 초기부터 백제百濟는
밀려난 자의 아픔으로 세워진 슬픈 나라다.
그래서 소실되고 그렇게 지워진 나라다.

3
참나무를 태우면 숯이 되고
숯을 태우면 재가 남는다.
재는
바람에 불려 흩어진다.
바람 앞에
재는 영원히 소멸되고만 것일까?
더 이상 소멸될 것이 없을 것 같은 역사라도
스스로 지울 것을 만들어낸다.

4
소서노召西奴 부인의 슬픔은
주몽朱蒙을 만난 데 있었다.

초승달

겨울
눈 내린 아침

흰 구름
하얀 산

구름과 산을
분별하기 힘든데

물 속
하얗게 언 삭풍朔風

아프게 흰
초승달의 등이
시리게 희다.

고사목枯死木

버스를 타고
낯선 시골에서 내리다.
'지암리'라는 마을
논두렁 풀 태우는 노인의
티끌 묻은 얼굴이며
건강한 눈빛이 눈부시다.
외딴집 뒤 숲에서
세상일 상관없이 살아온
묵은 란蘭,
수줍은 꽃대며
새순에서 솟아나는 쑥 내도 즐기며
홀로 산길을 간다.
말없이 산길을 간다.
참나무의 가지 끝
새 집이 비어 있는지
산비둘기 소리 멀리 들린다.
느닷없는 인기척에
갑자기 날아가는 꿩,
너만 놀랐겠느냐.
청설모 한 마리의 잠적에도
온 숲이 요동치며
나무들마다 아우성이다.

산길을 가다보니
여기저기 고사목이 있는데
그 자체로
산의 진실한 모습이었다.
그런 나무들 가운데
소나무 한 그루의 죽음을 생각해보니
사람 사는 일이나
나무들의 사는 모습이 무에 다르랴.
해질녘
숲 속에서 나오다.
지암리 방죽의
물소리 바람소리 새소리가
기울어지는 햇빛에 난반사亂反射 되어
허공에
반짝이고 있었다.

6부

가람 생가에서

가람 이병기李秉岐 선생님을 만나러
여산麗山 생가에 들르니
수우제守愚齊 앞 연못엔
이른 봄 햇빛이 포근한데
아직 철 이르다며
동백은
꽃망울만 보이고
기백년幾百年 더 되었을 탱자나무는
해묵은 가지마다 황토색이네.
진수당鎭壽堂을 받쳐 든 기둥에
뜻을 새기었으되
– 춘전대우경 추수화연작春田帶雨耕 秋水和烟釣
– 안심신무욕 지기심자한安心身無辱 知機心自閒
초가 뒤뜰 푸른 댓잎들이
어느 틈에
그 뜻을 깨우치고
이엄이엄 사시四時로
천호산天壺山 모든 골에 그 뜻을 풀었는지
천호산天壺山 잔설도
봄바람도
난蘭잎 같은 선생님의
시조를 읊고 있다.

산 고갯길

소달구지를 타고 고개를 넘는다.
큰 돌 작은 돌
제 멋대로 튀어나온
산 고개를 넘는다.

덜그럭 덜컹덜컹
서두를 일 있으랴.

진달래꽃 흐드러진
시오리 산 고갯길은
황소걸음 꼭 반나절인데
늙은 소 긴 울음
갓 젖 뗀 송아지를 찾아 우는가?

달구지가 들썩이면
엉덩방아 한번에도
철렁—
휴! 간 떨어지는 줄 알았네.

옆자리 걸터앉은
동갑내기 엉덩이에도
시퍼런 피멍이 들었을 테지만

달구지를 타고 가는 것만으로도
그게 어디냐며
짜증 내지 않던 병팔이
지금은 바다건너 섬에서 선교를 한다.
피지라는 섬에서 복음을 전하고 있다.

흔들리는 소달구지를 타고
산 고갯길을 넘는다.
진달래꽃 붉게 핀 산길에
온 정신으로 한눈을 팔아도
차에 치어죽을 염려가 결코 없는
산 고갯길을
오늘 우연히
소달구지를 타고 넘는다.

다리[橋]

다리는
여기와 저기를 이어준다.
여기와 저기를 나누기도 한다.

여기가 없으면 저기도 없다.

보라 빛 먼 산 진달래 피는 저기를
누가 그리지 않으리.

오염된 숲, 여기는
항상 불안하고 위태롭다.

살고 싶으면
다리를 건너야 한다.
죽어야 한다.

죽지 않고 저곳으로 갈 수 없을까?

만일 지금 죽게 된다면
나는 어떤 다리를 건널까?

징검다리 돌다리

외나무다리 섶다리

다리 아래 물이 흐른다.

그 물에 흘러가는
우리들의 육신

중독된 영혼이 다리를 건너
저곳으로 가고 있다.

비가 오고 난 뒤
무지개가 선명하다.

생사를 초월하여 건널 수 있는
꿈의 다리
아아! 무지개

꽃샘

목련꽃 핀 날
꽃샘바람 분다.
비도 종일 내린다.

왕후王后의 뺨 같던 꽃잎이
비바람에 시달리다
와르르 부서진다.

먼저 피어나는
용기가
어려움을 당한다.
앞서지 말라는 말
얼마나 슬기로운가.
서두른다는 것은
미련하다는 증거다.
일찍 핀 목련꽃이
측은하다.

먼저 핀 꽃이
먼저 진다.
아름다움은 부서져 버리고
아무도 거들떠보지 않는다.

전시회

며칠 전
이집트 문명전을 보았다.

이상한 새들과 그림의
낯선 상형문자 속에
특이한 모습으로 서 있는
여인들이
이집트에 가보고 싶도록 한다.

오뚝한 코는 옆모습
젖가슴은 앞모습이란다.

서로 다른 방향에서 본
기형적인 여인들이
천년 세월을 넘어
나를 설레게 한다.

태양신 '라'와 함께
쇠똥구리를 신성시神聖視한
이집트 문명

사람 사는 방식도
정말 여러 가지다.

개나리

어려운 시절에도
예쁘게 피었구나.

노오란 꽃잎이
힘들고
지쳐도 보이지만
지난겨울
혹한 눈보라를
그래도 용심 없이
살아오며
한 점 얼룩 없이
곱게 핀
개나리꽃

지금은
뿌리 뻗어갈 흙바탕마저
턱없이
자양滋養이 모자라는 봄인지라
아찔한 공간의
저 우듬지까지
층층이 노랗게
꽃불을 밝힌 안타까움이
이토록 눈물겹다.

조등弔燈

비가 오고 있다.
봄비에 젖는
쓸쓸한 상가喪家

빈소를 찾는 문상객들 수만큼의
꽃봉오리가 만드는
커다란 조화가
낯설지 않다.

누구나
가슴속에
조등 하나 둘씩
걸어 두고 산다.

새싹

새싹을 보니
가엽다.
앙증맞은 새싹이
아침 태양 빛에
부신 눈을 가리기도 전
꽃샘에 소스라쳐
웅크리고 있는 모습이
안쓰럽다.

새싹이
평생을 겪게 될
소음이며 비바람
가지가지 공해

그 공해에 숨어
닥치는 대로
새싹을 갉아먹는
버러지들

그것들과 더불어 살
새싹을 생각하니
눈물이 난다.

꽃

꽃이 피었으나
항상 피어 있을 수는 없다.

꽃이 아름다우나
항상 아름답지는 않다.

꽃이 피면
벌과 나비 날아오지만
그 꽃 위에
벌 나비가
오래 머물지는 않는다.

꽃의 향기나
은밀한 곳에 고인 꿀도
항상 남아 있지는 않다.

철쭉꽃 빨갛게
피었다 진
그 자리에 남아 있는 공허나
개나리꽃 노란 흔적
사라진 공간에서
어떤 꽃도
오래 가지 못함을 배운다.

유채꽃

전주천변에
노랗게 유채꽃이 피었다.
오월 물빛은
노오란 빛이다.
어디서 날아 왔는지
그동안 볼 수 없던 나비들이
꽃들 사이를 날며
나비들 말로 속삭인다.
한 송이의 유채꽃엔
한사람 실직자의 노란 분노가
다섯 송이의 유채꽃엔
딸린 다섯 가족들의 애환이
눈물로 얼룩져 있음을
부디 기억하셔요.
전주천에 흐드러진
유채꽃을 보시면서
저들의 실직이
누구로부터 비롯되었는지도
오래오래
잊지 마셔요.

참새

오늘 아침은
참새 소리가 심상치 않다.

어제까지도
짹짹 짹짹
시끄럽고 방정맞고
변덕스럽고
그래도 생기 있었는데

오늘 아침 참새 소리에는
근심소리 들린다.

세상이 뒤숭숭하여
참새 소리만 이상히 들려도
가슴이 두근거린다.

어젯밤
제 애비가
고압선에서 한눈팔고 있다가
감전사感電死를 했거나
아니면
능력 없다고

퇴출退出이라도 되었는지

오늘 아침
참새 울음이
참으로 심상치 않다.

바둑두기

바둑을 둔다.

제 차례에
꼭 한 돌[石]씩
돌을 놓아
잡기도 잡히기도 하며
두 사람 중
많은 집을 남긴 사람이
이기는 놀이

최소한
두 집을 내어야 사는
흑백의 돌싸움에서
죽은 돌이 산 돌의
집터가 된다.

돌을 쓰려면
한 돌로
대마를 살려내는
돌을 놓고 싶지만
돌마다
그리 되려는 건

욕심, 떼죽음뿐

어떤 돌도
제 할
몫이 있는 법

나는
흑백의 모든 돌들을 고마워한다.

비눗방울

비눗방울을 만든다.

비눗방울 표면에
금방 사라질 듯 어리는
무지갯빛

조금 더 부풀거나
살짝 바람만 부딪쳐도
폭발하고 말 듯한
위태로운 우주,

산다는 것
비눗방울처럼 얇은
지표地表에서
인연의 띠 알록달록 두르고
잠시 서성이다
훌쩍 가듯

비눗방울이 터진다
산산이 부서져
아무 것도 없다.

만경강萬頃江(3)

내 고향 전주는
후백제의 도읍지

신리·상관에서 발원한 전주천과
모악산이 시점인 삼천천이
황방산 발치에 모여
서해바다에 이르도록
한줄기로 흐르는 만경강

노령이 흘려주는
육자배기 한가락을
넉넉히 품고
깊은 물로
흐르는
내 고향의 강 만경강
만경강은
백제의 강이다.

서산마루 낙일이
붉은 빛 몸을
만경강에 던진다.

한 점 착오 없는
자연의 오묘한 순환을 따라
이슥고 썰물 때가 되면
만경강 개펄에서
오밀조밀 어렵게 모여 사는
게[蟹]들이 기어 나와
밤을 새워 우는데
우는데

오직
전라도 게[蟹]울음 소리로
청승맞게
구슬프게 울었다.

영생永生

영생에 대하여
묻는 이가 있으면
이렇게 대답하겠습니다.

하루하루 열려지는
시간과
공간 속에서
나로부터
아들의 손자에 이르도록
자기 때[時代]를
열심히 살 뿐

영생은
열심히 일하는 사람들에게
이미 주어진 것이라고
말하렵니다.

입술

— 태초에 말씀이 계시니라(요한1:1)

하나님이 가라사대
빛이 있으라 하시매 빛이 있었고
그 빛이 하나님의 보시기에 좋았더라

하나님이 하신 말씀입니다
입술로 하신 말씀입니다

주는 그리스도시요
살아계신 하나님의 아들이시니이다
베드로가 대답하여
천국의 열쇠를 받게 된 일이나
솔로몬이 구하여
고금에 드문 지혜의 왕이 된 일
또는, 십자가에 매이어
마지막을 주님께 맡긴 강도나
그들은 하나같이
입술로 축복을 입었습니다

입술에서 나오는 한마디 한마디에 의하여
우리들의 미래는
지금 변화되고 있습니다

무화과나무

그날 아침
무슨 일이 있으리라고
무화과나무는 몰랐으리라.
시장하신 주님이
그에게 오시리라고
상상이나 할 수 있었겠느냐.
그 많은 나무들 중에
저주로 성경에 기록된
무화과나무
불쌍한 무화과나무,
열매를 맺지 못하고
잎사귀 밖에 없어서
그 자리에서 말라버린 무화과나무
그 흔한 나무들 중에
주님께서 관심을 보여주신 나무
무화과나무를 생각하면
눈물이 난다.

햇님이

햇님이
서산으로 넘어갑니다.

하루하루의
오묘奧妙
그 불가해不可解

어느 날
느닷없는
소나기도 날벼락도
결코 갑작스러움이 아닌
자연의
순환입니다.

오고 가고
오고 가고

서산 너머
햇님처럼
또 오고 가는

한 치의

착오도 없는 창조의 질서가
경이롭습니다.

| 발문 |

강팍剛愎한 시대의 그늘을 벗는 원형질原形質의 인간성 구원

– 김환생 시인의 시는 인간성 고양의 서정시다

소재호(시인, 석정문학관장)

김환생 시인은 시인이다. 필자가 그의 시집 말미에 시평설을 얹을가 하다가 몇 가지 이유로 발문을 쓰기로 작정했다. 그 이유인즉, 김 시인과 필자와의 여러 가지 관계성 때문이다.

시를 평한다는 점 한 가지에만 오로지 하기에는 많은 너스레(?)를 떨어야 할 필요성이 있기 때문이다. 말하자면 일종의 잡문을 쓰겠다는 어쭙잖은 선언인 셈이다.

김 시인을 처음 만난 것은 같은 중등 교직에 봉직한다는 연계성에서 비롯하였다. 그는 기전여고 교장으로서 필자와 교장단 협의회에서 만났고, 문단에서 같은 장르인 시를 쓴다는 동지로서 교류했고, 다시 고등학교 선후배 소위 학연이라는 연줄로 친숙해졌던 것이다.

그 후로도 수많은 만남에서 그의 인간성이나 성격이나 또는 그의 다양한 재주에 대해서 소상히 꿰뚫어 알 수밖에 없었다.

그는 한편 교회 장로이다. 그것도 몇 십 명 넘는 큰 단위 장로협회 회장을 맡아 한껏 고도의 리더십을 발휘하고 있는 독실한 기독교 신자이다. 도처에서 각양의 형태로 이웃 베품을 실현하면서 신앙적 양심을 행동으로 구현하는 참된 지성인이라 일컬을 만하다. 그리고 그는 사람을 좋아한다. 어떤 사람이건 먼저 손을 내밀어 친교 맺는 일에 적극적이다. 그러니까 인간 존중의 모범을 보이며 스스로의 격을 아래에 두려하므로 만인의 존경을 받는다. 막무가내로 다른 사람에게 기독교를 선교하려 들지도 않고 가만히 소시민의 행적으로 생활을 펼치고 있는 겸양하는 시인이다.

석정문학관 사무국장으로 그를 모시려는 나의 시도는 저러한 그의 모든 성정이나 인품에서 유래했다. 사람 섬김은 문학관을 순례하는 수많은 계층의 인파를 맞이하기에 너무나 적정한 덕목이기 때문이다.

그는 맨 처음 대학의 약학과를 다녔다고 했다. 그러다가 순수 자연 과학을 공부하고 싶어 다시 화학과에 입학하였다고 했다. 그래서 그 후 그는 줄곧 화학 선생님이었다. 차츰 직위를 올려 딛고 중등 교장으로 퇴임했다. 그리고 문학에 전념했다. 화학에 몰두하던 과학인이 문학을 섭렵하려는 것은 너무나 오만한 무례(?)가 아닐 수 없다. 학문적 대칭 관계인 인문학과 자연과학과를 넘나드는 행적은 자못 무리인 듯싶었다. 그러니까 진정한 통섭通涉으로 나아가는 엄청난 과업을 실행한 것이다. 그런데 사실은 중등 학창시절부터 암암리에 시단을 기웃거리며 자신의 잠재적 소양을 길러왔다고 보아야 할 것이다.

느닷없는 생애의 변곡變曲을 자행한 것이 아니라 두 가닥 행로를 병진한 것에 다름 아니었다. 습작이라며 수 백편의 시를 깊은 서랍에 묻어둔 점으로 그리 유추되는 것은 당연하다. 그리고 또한 그가 그렇게 무모할 정도로 이 일 저 일을 챙겨드는 성격은, 그는 무엇이든 어떤 종류의 사람이건, 일단 수용해내는 습성에서 출발한다고 보여진다. 기독교인인 그가 다른 종교인도 거침없이 받아들여 친교를 맺거나 가까이 다가선다. 여가가 있을 때는 사찰을 찾거나 향교를 찾아가 벽을 허물고 교섭한다. 그는 음악이거나 무슨 교양성 짙은 취미도 다양하게 받아들인다.

가히 전방위의 인성 갖춤으로 인하여, 가장 보통 사람으로서 매우 특별함의 전범典範이다. 이렇게 편식하지 않고 모든 사상事象을 수용함으로써, 인문학의 으뜸이라는 도저한 시문詩文을 거쳐듬에 걸림돌이 없었으리라는 추리는 쉬운 일이 아닐 수 없다.

그리고 중요한 것 중 하나는 그의 인생관이나 깊은 사유思惟는 기독교적인 철리哲理에만 함몰되어 있지 않다는 점이다. 기독교 정신 외에도 유 · 불 · 선이 함께 융합되어 있음은 그의 시들 편편에 깃들여 있다.

불교 냄새의 시가 매우 많은 편수를 차지하고 있음에 필자는 놀라움을 금할 수 없었다. 기독교 재단의 학교에서 근무했고, 종횡으로 아니면 수직 수평으로 기독교적인 성향의 사람들과 교화했던 김 시인이 이렇게도 엉뚱한 데가 따로 있는 것은 경이로운 사실일 터이다.

그는 또한 노 · 장 사상에도 연루되기도 한다. 임하유문林下儒門을 거침없이 넘나드는 것을 보면, 시의 길을 열어감에 있어서, 창도創道의 비상한 재질이 있는 바, 이는 전혀 기이한 일이 아닐 것이다. 그의 시 성향을 조망하면서, 서산대사가 주장했다는 유·불·도의 삼교 융화론이 상기된다. 삼교가 서로 영향을 주고받으면서 시대의 흐름을 타고 발현되어야 한다는 주장인 것이다. 사실 한국인의 혈류에는 자의가 아닐지라도 이미 유·불·선이 유전인자화 되어있다. 변설에 아무리 능한 사람이라도 이를 부정할 사람은 아무도 없을 것이다.

아무튼 그는 마냥 사람의 온기를 지닌 사람이다. 그를 화통和通하는 사람으로 보며, 그의 시를 화융和融하는 작품으로 감응하면서 이에 몇 편을 깊이 감상하려 한다.

그의 시들을 감상해보면, 시적 질료 선택에 탁월하다는

느낌을 갖는다. 대면하는 피사물에 선뜻 감정을 이입移入시켜가다가 퍼뜩 인간 정리로 변용해내는 재주가 현격하다. 문학이나 인간이나 간에 그 묘미나 향기는 전환점에서 유발된다는 정설에 매우 합당하다. 화두를 갑자기 뒤집는 그의 슬기가 시의 예질藝質을 고조시켜 낸다. 저 당나라 시인 두보가 말한 선경후정先景後情의 범례가 이에 흡사하게 접합된다.

그는 적당히 동양적 허무주의가 문맥의 내면에 잠재하면서 불교적 화두에 접목한다. 그의 시를 탐독해 들어가노라면 '이 뭐꼬'(백양사 입구에 돌로 새겨놓은 글)라는 화두가 연상된다. 화두란 불성의 오묘한 계시를 담은 선어禪語인바, 감히 필자의 우견을 우겨넣은 일은 아니지만, 그의 시와 이 화두가 교묘히 연계됨을 깨달을 수는 있는 것이다. '그래 인간사 한낱 티끌에 지나지 않아' 등의 어의語意가 시구에서 투명하게 어리비침에 필자는 경탄한다.

그의 무아적無我的 대아적大我的 자연관은 그의 정신계를 무한히 확대한다. 설정하되 시의 구결점에는 대체로 무허無虛의 경지가 떠오른다. 불성의 언어와 도학의 훈도를 접목시키는 일은 아무도 해낼 수 없는 지고지난한 행위이지만, 감히 필자는 노자의 무위자연을 끌어다 붙일 수밖에 없다. 무아無我나 무위無爲는 서까래 하나 차이라고 믿는 데서 기인한다. '스스로 그러한 대로'라는 언숙한 선언은 저 무허의 광장에서 함께 어울려도 좋지 않겠는가. 말하자면 김 시인의 시들이 안개 속을 헤치면 가히 영산홍이요 철쭉의 상관성이란 말에 다름이 아니다.

며칠
봄볕이 한창이더니
오늘 아침
영산홍이 피어났다.
새빨갛게 피었다.

핏빛보다
더 붉은 색

제 몸에서 꽃을 피우는 법을
영산홍은 어떻게 알았을까?

영산홍이 피면
꽃잎만 붉은 것이 아니다.

꽃잎 가까이의
바람도
아지랑이도
햇볕도
온 천지가 모두 붉은 빛이다

영산홍은 온 세상을 모두
붉게 물들이는 법을 어찌 알았을까

— 「영산홍映山紅」 전문

이 시에서는 4연에서 시적 체질 갖춤이 매우 우수하다. 영산홍이 봄을 맞이하여 꽃 피우는 것은 평범한 자연의 순리이다. 그러나 죽은 듯이 동면하던 나무 가지가 저 현란한 색조를 빚어내는 신기함은 어떤 이적이랄 수밖에 없다. 작가는 이를 이적으로 보는 것이다. 이 예리한 통찰이 시를 구조하는 첩경인 것이다. 영산홍은 의인화되어 자신의 변환으로 시발하여, 온 천지를 그 이적으로 물들인다. 개별자가 대아大我에 전이한다. 꽃잎, 바람, 아지랑이, 햇빛, 그리고 온 세상을 붉은 물을 들이는 이 범상치 않는 환상적 발상은 참으로 경이롭다. 영산홍이 온 천지를 붉게 물들이는 일은 신비스런 형상이요, 범신론汎神論의 발안이다. 시인의 의도적인 환시幻視 환상幻想인 것이다. 흰두 사상에서, 개별의 영혼인 '아트만'이 온 세상의 모든 것 합일인 '브라흐마'에게로 전이되어 일체 만물이라고 일컫는 '옴'에 다가선다. 우주가 거대한 한 파동의 대양임을 이 영산홍에서 읽힌다. 교시敎示하는 바가 무궁무진하다. 이 시는 신비주의 영성을 띤다. 부활이며 영활靈活인 셈이다.

겨울
눈 내린 아침

흰 구름
하얀 산

구름과 산을

분별하기 힘든데

물 속
하얗게 언 삭풍朔風

아프게 흰
초승달의 등이
시리게 희다

—「초승달」 전문

이시는 자연과의 교감이 특출난다. 의인화된 초승달을 에워싼 모든 자연 정경이 흰 빛으로 통일된다. 흰 눈, 흰 구름, 흰 산, 흰 삭풍, 흰 달……

월백설백천지백月白雪白天地白이라는 당시 한 구절이 이 시에는 완벽하게 부합된다. 흰 색상은 모든 세상의 근원이며, 발원지이며 다시 귀의歸依해야 할 반환점이다. 오욕이나 오물로부터의 점염을 일체 거부하는 철저한 순수요, 무구요, 다시 무념무상의 경지이다. 그래서 또한 '스스로 그러한 대로'의 자연이다.

'삭풍이 얼어서 물속에 잠긴 형용'은 시적 기교가 뛰어나다. 그리고 '달'은 고단한 인생의 삶을 상징하면서, 허리가 휘고, 아프고, 시린 흰 머리의 노인을 암시한다. '아프게 흰/초승달의 등이/시리게 희다.'라는 종연은 시적 품격이 절상이다.

강강수월래
강강수월래

달이
구름 뒤에 숨어 부르는 노래
전라도 여자들이
머리 풀고 부르는
구슬픈 노래

강강수월래
강강수월래

구름은 구름대로
달은 달대로
노령 산마루에
깊은 수심愁心 춤으로 벗을 때

중평리 방죽에
몸을 던진 달님이
유명幽冥에 있는 몸
쉽게 보여주는 푸른 물 속
거꾸로 선 산등성에 뿌리 두고
달빛으로 핀
연꽃잎

불심佛心이 스쳐 가는
꽃잎마다

백팔가지 번뇌가 씻겨
달무리로 떠오르는
내 영혼의 노래

강강수월래
강강수월래

—「달무리」 전문

이 시는 5연이 절창이다. 생계生界와 명계冥界를 넘나드는 웅대하고 광활한 광장에, 달, 산, 물, 연꽃이 등장하는데, 결국 절묘하게 한 떨기 연꽃에 초점을 찍는다. 이승 저승의 온갖 번뇌, 무한대의 환란이 연꽃으로 승화한다. 달무리는 연꽃에 얹혀 진여眞如를 맞는다.

이 시는 이동주의 「강강수월래」를 연상시킨다. 민족의 애환이 민속놀이에 의탁되어 그 정한情恨이 유창하게 풀려가는 형상이다. 시적 형용이 춤추는 동작으로 묘사된다. 움직임과 정지됨이 연쇄되면서 선적禪的 사념思念이 유랑하면서 달밤의 서경을 펼치는 것이니 시적 품새가 자못 흥미롭다. 여기서는 서사적 동인動因이 부드럽게 운율적으로 굽이치는 형용이다. 더구나 불심으로 환치되는 연꽃이 등장하여 정중한 선정禪定이 표상된다.

민속놀이 → 달빛이 서리는 호수의 서경 → 불심[연꽃]

〈오뇌의 심층, 가벼운 동적이미지〉, 〈정적이미지, 승화의 과정〉, 〈선적이미지〉

→ 백팔번뇌의 정화[달무리] →민속놀이
〈오성悟性의 잠재이미지〉, 〈급박한 동적이미지, 해탈解脫, 법열法悅〉

이런 구도를 떠올린다.

비에 젖는 것이
해묵은 적송赤松뿐이랴.

산 벚, 물푸레
마른 가지가 젖고
발 밑, 나뭇잎도 젖고
동해를 바라보는 해수관음海手觀音의
봉긋한 가슴도 젖고,

젖은 가슴으로
호로병을 기울이는
관음觀音은
사바에 무엇을 부어주고 싶을까.

설악을 찾아온 날
겨울비에 젖는다.

빗물이 흐르는

몇 안 되는 머릿칼을 올리며
낙산사에 오르면
반쯤 젖은 몸으로
해수관음이 방긋 웃는다.
나도 관음처럼
방긋 웃는다.

'사노라면 가끔씩 비에 젖을 때도 있는 법이여.'
비에 젖지 않는 날은
달빛에 젖고.

—「낙산사 해수관음」 전문

불교에서 대승불교라 함은 중생구제의 적극적 대아大我 확대로 이를 정의한다. 무한대아의 설정은 진여眞如한 마음의 우주화까지를 일컫는다고 한다. 원효는 온전히 하나 된 진여한 마음, 즉 일심은 원융회통圓融會通의 주체요, 화쟁의 주체인 까닭에 일체의 공덕의 근원이 되며 평화와 행복의 원천됨으로 보았다. 이 시에서 시인은 이러한 법리法理에 편승한 사유에 젖는다.

온 세상 비에 젖음은 사바세계의 현상태現像態이며 관음의 호로병에 차오른 물은 불성의 은혜로움일 것이다. 호로병을 기울여 사바세계를 구제하려는 저의를 시인은 그의 영성靈性 어린 시각으로 통찰한 것이다. 빗물을 정화수로 변환시키는 이적은 시인이 연출한 선의이다. 또한 관음의 미소가 나의 미소를 유발시키므로 저 석가의 수단설법을 적시摘示한다. 그야말로 염화미소拈華微笑요 심심상인心心相印의 경지이다. 매우 선적禪的 이미지이다.

산을 오른다.

갈대 숲에
버려진 어떤 동물의
하얀 뼈

산 바람에
계곡 물에
새벽마다 씻기어
저리 하얀가!

먼 훗날
내 뼈는
어떤 빛
어느 형상形象으로 발견될까

나는
그것이 두렵다.
내 불순한 언어들이
마침내 무의미의 촉루로 들어남을……

— 「두려움」의 전문

이 시는 작가의 통시통공通時通空의 역사관을 응축시켜 놓았다. 사소한 일상을 내 내부로 이끌어와 내 관념화하고 다시 이를 상징적으로 형상화하는 기법이 놀랍다. 서산대사가 자기 초상화를 보며 했다는 말이 상기된다. '지금은 저것이 나이지만, 내가 죽은 후엔 내가 저것이겠구나' 라는 경구이다. 다 해탈하고 모든 형상을 지운 뒤, 그리고 인간의 본질을 거둔 뒤, 잔상의 한 톨쯤 되는 한 조각 촉루는 나의 존재 자체도 표백시킨다. 먼 미래를 내다보면 사려가 잔잔한 두려움을 이끈다. 동양적 허무주의가 내밀하게 도사린다. 이 시가 그냥 철학적 인문학으로 머무는 것이 아니라. 시적 구조로 돌올함이 감동을 준다.

심산深山 솔잎이라
정이 없으리

해질 녘 산마루
저녁놀이 기울면
무덤 위로 흐르는
기러기 울음.

마음 한번
어긋 가면
불가佛家의 연緣도
급하게
식을 것을

늙은 솔 굽은 등
관세음觀世音 넉넉한 미소로

세워질 수 있을까

어수선한 밤 꿈에
땀이 흐른다.
어둠을 벗고
그윽한 먼동이고 싶다.

—「꿈」의 전문

'꿈'의 단상으로도 우리는 시의 감수성에 흠뻑 젖는다. 역시 불교적 색채가 짙다. 김 시인이 의외로 많이 불교 색채의 시를 구상함은 짐작컨대, 불교가 기독교보다 그 교리나 지향하는 신앙심이 더 심오하다거나 가치 우위에 있다고 여겨서가 아니라 불교적 언어 구사가 더욱 비약적이라거나 괴변적(?)이어서, 시의 테크닉과 불교의 메타포가 유사함에서 원인을 찾을 수 있다고 본다. 선禪을 의미함에도 소위 無小說로 대입하는 모습이 이를 증명한다.

이 시도 공감각적共感覺的 기교가 빼어난다.

밤마다
만경강엔
눈물이 흐른다.

가난을
강물에 풀면

한 천 년쯤
솔松빛으로 흐를까

평생을
빈손인 가을에도
숯불 다림질로
가난을 곱게 펴 오신
어머니

어머니의 굽은 등이
노령처럼 서러운데

기러기
시린 울음
만경강을 맴돈다.
별빛으로 흐른다.

—「만경강」 전문

강의 이미지가 선명하게 영상한다. 만경강은 서러운 민족의 역사 한 굽이이다. 형극의 가시밭길을 걸어온 민족의 수난사이다. 우리 전라도 사람들 가난의 흔적이며, 한 맺힘의 형모이며, 슬픔의 잔상이다. 만경강은 더구나 곡식을 거두지 못한 시린 겨울의 공허이다. 빈손의 허망이다. 만경강은 그러므로 여지없이 우리네 어머니 모습 그 자체이다. 이때 기러기는 시린 울음을 강으로 붓는다. 다만 결구에서 애절한 심경이 별빛으로 승화하는 반전을 맞는다.

'어머니의 굽은 등이/노령처럼 서러운데'는 매우 높은 수준의 절창이다. '문을 열자 앞 산이 이마에 차다'고 한 정지용의 유사한 시구처럼 테크닉이 범상함을 벗는다, '형상의 감성화→굽은 등이 서러움'으로 치환되는 절묘한 수법은 촌철살인寸鐵殺人이다.

산수유, 진달래꽃, 복숭아꽃, 살구꽃
길가의 민들레꽃, 오랑캐꽃도
색색으로
함성들인가.

산다는 일
그러니까 세상살이라는 거
어차피
몇 단씩 지워진 짐
제 분수만큼 부리다가
때가 되면 훌훌 털고 갈 것을

— 「아우성」의 일부

봄이 되어 백화난만하는 정경을 재미있게 표현한다. 꽃들의 만개를 아우성으로 비유함은 절묘한 공감각적 표현이다. 소위 '소리 없는 아우성'쯤 되는 양이다. 만발한 꽃들은 즐겁게 봄맞이 하는 수많은 군중의 정서를 대신하다. 그러나 역시 낙화를 예비하는 흥망성쇠의 운영성과 자연의 섭리 그 순환의 법칙을 교훈적으로 담는다. '때가 되면 훌훌 털고 가는 인생인 것을' 또한 색즉시공色卽是空이란 변환을 암시하고 있다.

듣기만 하는 신앙은 눈물이 없습니다.
보기만 하는 신앙은 아픔이 없습니다.
입술로만 하는 신앙은 괴로움이 없습니다.
더러 가슴으로만 하는 신앙도
슬픔이 없기는 마찬가지입니다.
그러나 온 몸으로 부딪히는 신앙은
뼈를 도리는 고난입니다.
구원은
바로 그때, 거기서부터만 시작되는 은혜입니다.

— 「구원」의 전문

신앙의 요체를 연쇄법으로 구현한다. 진정한 신앙은 눈물, 아픔, 괴로움, 슬픔, 뼈를 도려내는 고난 등을 함유해야 한다고 선언한다. 이때에야 비로소 구원을 받을 수 있을 것이며 은혜가 시작된다고 했다. 기독교적 색깔이 부요富饒한데 시로서도 매우 성공적이다. 이는 마치 시가 통렬한 심금울림에서 숙성된다는 의미와 그 궤를 같이한다.

이 모든 신앙의 본령들의 큰 가마는 '사랑'이라고 일컬어진다. 「로마서」에 이르기를 예수의 십자가 죽음이 하나님의 사랑을 우리에게 확증해 준 것이라고 했다. 예수의 십자가 죽음은 흔히 대속代贖이라는 의미로 이해된다. 그것은 죄인들을 용서하며 구원하기 위한 큰 사랑이요, 섬기는 사랑이며 희생하는 사랑이다.

진정한 신앙인은 사람들 고통 속으로 들어가 함께 이를 자기 것으로 체험하며 자타의 구원을 위해 열심히 기도함으로써 은혜의 빛이 내린다는 뜻에 다름 아니니, 그 고매한 성정이 바로 온전한 시심의 발로인 것이다.

이렇게 몇 편의 시를 감상하면서 시 전편에 흐르는 정신이나 사조나 심경을 약간은 이해할 수 있었다.

김 시인은 시를 누리면서 양질의 삶을 향유한다고 보아진다. 그의 단정한 외모 못지않게 단아한 인생관으로 무장하며, 사람을 존중하면서 아름다운 정서를 가꿔가는 인생 운영이 칭송받을 만하다고 여겨진다.

그의 문학 정수리에 다가가지도 못한 채 졸렬한 글을 맺는다.

김환생 시집

만경강(萬頃江)

인쇄 2015년 08월 26일
발행 2015년 08월 31일

지은이 김환생
발행인 서정환
펴낸곳 신아출판사
주소 전북 전주시 완산구 공북 1길 16(태평동 251-30)
전화 (063) 275-4000 · 0484, 252-5633
팩스 (063) 274-3131
이메일 sina321@hanmail.net essay321@hanmail.net
출판등록 제465-1984-000004호
인쇄 · 제본 신아출판사

ISBN 979-11-5605-251-7 03810
값 10,000원

이 도서의 국립중앙도서관 출판예정도서목록(CIP)은 서지정보유통지원시스템 홈페이지(http://seoji.nl.go.kr)와 국가자료공동목록시스템(http://www.nl.go.kr/kolisnet)에서 이용하실 수 있습니다.(CIP제어번호: CIP2015023580)

Printed in KOREA